# 俳優・香川照之のプロの演技論

スピリチュアル・インタビュー

RYUHO OKAWA

大川隆法

本霊言は、2015年1月17日、教祖殿 大悟館にて、
質問者との対話形式で公開収録された（写真上・下）。

# まえがき

俳優・香川照之さんによる「プロの演技論」は、出るべくして出た本の一つだろうと思う。この人の演技論を本人自身が語るか、誰かに書いてもらったものを読んでみたい、というのは、国民多くの願いだろう。また、俳優を目指す人にとっても、魅力的なレクチャーになることは確実だろう。

本書では、この「夢」の一端なりとも実現できたら幸いである。

香川さんは、また新春から新しい日曜TVドラマに出ている。ディケンズの「クリスマス・キャロル」とNHKスペシャルの「アインシュタインロマン」を足《た》して、それに父と息子の葛藤《かっとう》を投げ込んだような作品だ。周りの人たちの意見ではとても面白いという。宗教家の私から観《み》ると、人生の苦しさから逃《のが》れることの苦しさ、人生を変えることの難しさを描いていくのだと思う。さあ、広島県福山育ちの「スクルージ」を演じ切れるか。名優の演技論の行方《ゆくえ》を見届けたいと思う。

二〇一五年　一月三十日

幸福《こうふく》の科学《かがく》グループ創始者兼総裁《そうししゃけんそうさい》　大川隆法《おおかわりゅうほう》

# 俳優・香川照之のプロの演技論　スピリチュアル・インタビュー　目次

まえがき　1

# 俳優・香川《かがわ》照之《てるゆき》のプロの演技論
# スピリチュアル・インタビュー

二〇一五年一月十七日　収録
東京都・幸福の科学　教祖殿《きょうそでん》　大悟館《たいごかん》にて

1　演技力に定評のある俳優・香川照之の「プロの演技論」に迫《せま》る　15
能面《のうめん》を被《かぶ》ったようで見えない〝本当の顔〟　15
役者としての評価がゆっくりと上がってきた香川照之　17

さまざまな役柄《やくがら》を演じ分けて話題となる　19
演技力を高く評価されたドラマ「半沢直樹《はんざわなおき》」とその後の傾向《けいこう》　22
人気俳優二人の腕比《うでくら》べが面白《おもしろ》い、映画「鍵泥棒《かぎどろぼう》のメソッド」　25
非現実なほどの悪役シーンが印象的な映画「るろうに剣心《けんしん》」　30
ネガティブな言葉を一切《いっさい》言わない俳優・唐沢寿明《からさわとしあき》への高い評価　31
二十歳《さい》の女優・武井咲《たけいえみ》の才能を見抜《みぬ》き、〝化《ば》け物〟と評した香川照之　33
ドラマ「坂の上の雲」の正岡子規《まさおかしき》役で見せた徹底《てってい》した役づくり　34
心理映画「ゆれる」での興味深い役者対決　35
「今、いちばんうまい」と言われる俳優から
「プロの演技論」を引き出す　37
俳優・香川照之の守護霊《しゅごれい》を招霊《しょうれい》する　38
2　断固として本心を明かそうとしない香川照之守護霊　40

「役者は本心を見られたら、もはやプロではない」　40
「私が俳優になったのは偶然《ぐうぜん》の事故」というのは本心？　45
自身の「生《お》い立ち」や「経歴」を振《ふ》り返って　48
自伝の「しかたなく役者になった」という言葉の本心を訊《き》く　52

## 3　香川照之守護霊が語る〝悪役〟の演技　60

「悪役」の心構え、「善人役」の心構え　60
映画「バットマン」の悪役「ジョーカー」を観《み》て思うこと　62
「香川照之の悪役」と「ジョーカー役」の違《ちが》いとは　66
「自分の悪役が評価される理由」を語る　70
「映画『るろうに剣心』での悪役は、ほとんど〝地《じ》〟に近い」？　72

## 4　俳優と歌舞伎《かぶき》役者の二つの顔　75

役者の「実人生」と「演技」の関係について思っていること　75

「役者の世界には若いうちから入ったほうがいい」 78
歌舞伎役者・市川中車《いちかわちゅうしゃ》は「東大卒の役者」の言い訳？ 80
ドラマ「半沢直樹」で演じた〝土下座《どげざ》〟についての本音 84
「Mだから、いじめられても様《さま》になる」 88
「M」が「ドS」に変わる瞬間《しゅんかん》 90
〝蜜《みつ》〟をつくるために心掛《こころが》けていること 93

## 5 名俳優の「演技論」に迫る 95

スターを養成する側が、先頭に立って「見せなければいけない」 95
オーディションで受かるために、「絶対に必要なこと」とは 99
「家庭環境《かんきょう》」は香川照之にどう影響《えいきょう》したのか 101
「私は、他人《ひと》から学ぶことはない」 104
もともと「演じる世界」が「リアリティーの世界」 107

「非現実」を「現実」に見せるには　110

6
**香川照之流「演技力」の磨《みが》き方**　112
名優は「雨の日に傘《かさ》を差してバス停《てい》に立っている」だけで絵になる　112
「極端《きょくたん》な演技」が「浮いた演技」にならない俳優は少ない　114
オーディションなら、「変わったことを平気でやってのける」　119
いろいろな役柄を引き受けるための演技の幅《はば》の広げ方　122
名優でも外見や身体能力に応じた役柄の見切りが必要　124
個性の特徴《とくちょう》をつかむ「性格俳優」になるには　125

7
**演技に深みを出すための「俳優の心掛《こころが》け」**　129
HSUに開設される「芸能・クリエーター部門専攻《せんこう》コース」へのアドバイス　129
幅広い役柄を演じ分けられる役者になるためには　132

相手の実力を見抜き、「監督《かんとく》の目」でもって物語を成立させる　135
ときには台本や監督さえ捻《ね》じ曲げてしまうほどの名優もいる　138
映像への貢献《こうけん》度が問われる役者にとって大切な「複眼性」　140

8　香川照之の霊界《れいかい》での〝仕事〟とは　143

あの世では、舞台《ぶたい》経営と演技研究をする　143
〝日本のシェークスピア〟的存在？　143
今後の配役を考えて著名な「作品」や「名優の演技」を研究しておく　146
役者が体得すべき基本動作と、役づくりに必要なものとは　148
「無理のある配役」でも演じ切った俳優たちを語る　152
役者に「指導霊《しどうれい》」を送り込《こ》む仕事をしている　154
経験がない役を演じるための〝企業《きぎょう》秘密〟を一部公開　155
違った役ができるように「演技の厚み」を出す努力を　156

いろいろな業界の方を呼び、どんな仕事をしているかを訊く　158

9　香川照之の「過去世《かこぜ》」に迫る　161

過去世を訊かれて、「平凡《へいぼん》な答え」と「非凡な答え」を語る　161
「俳優は、過去世でいろんな職業をやっていることが多い」　165
派手な感じがある「室町《むろまち》時代」にはいたかもしれない　168
過去世の「謎《なぞ》かけ」を繰《く》り返す香川照之守護霊　172

10　〝初見《しょけん》〟では全部を見せなかった香川照之守護霊　176

あとがき　180

「霊言現象《れいげん》」とは、あの世の霊存在の言葉を語り下ろす現象のことをいう。これは高度な悟《さと》りを開いた者に特有のものであり、「霊媒現象《れいばい》」（トランス状態になって意識を失い、霊が一方的にしゃべる現象）とは異なる。外国人霊の霊言の場合には、霊言現象を行う者の言語中枢《ちゅうすう》から、必要な言葉を選び出し、日本語で語ることも可能である。

また、人間の魂《たましい》は原則として六人のグループからなり、あの世に残っている「魂の兄弟」の一人が守護霊《しゅごれい》を務めている。つまり、守護霊は、実は自分自身の魂の一部である。したがって、「守護霊の霊言」とは、いわば本人の潜在《せんざい》意識にアクセスしたものであり、その内容は、その人が潜在意識で考えていること（本心）と考えてよい。

なお、「霊言」は、あくまでも霊人の意見であり、幸福の科学グループとしての見解と矛盾《むじゅん》する内容を含《ふく》む場合がある点、付記しておきたい。

# 俳優・香川《かがわ》照之《てるゆき》のプロの演技論
# スピリチュアル・インタビュー

二〇一五年一月十七日　収録

東京都・幸福の科学　教祖殿《きょうそでん》　大悟館《たいごかん》にて

香川照之《かがわてるゆき》（一九六五～）

俳優。歌舞伎《かぶき》役者。東京都出身。父は歌舞伎役者の二代目・市川猿翁《いちかわえんおう》、母は宝《たから》塚《づか》歌劇団出身の女優浜木綿子《はまゆうこ》。東京大学文学部社会心理学科を卒業後、一九八九年、NHK大河《たいが》ドラマ「春日局《かすがのつぼね》」でデビューし、多くのドラマや映画で活躍《かつやく》する。また、二〇一二年には九代目・市川中車《ちゅうしゃ》を襲名《しゅうめい》。二〇一三年放映のドラマ「半沢直樹《はんざわなおき》」における怪演《かいえん》が話題となった。

質問者　※質問順

竹内久顕《たけうちひさあき》（幸福の科学宗務《しゅうむ》本部第二秘書局局長代理）

小田正鏡《おだしょうきょう》（幸福の科学専務理事〔メディア文化事業局担当〕ニュースター・プロダクション株式会社代表取締役）

愛染美星《あいぜんみほし》（幸福の科学スター養成部担当参事）

［役職は収録時点のもの］

# 1　演技力に定評のある俳優・香川照之《かがわてるゆき》の「プロの演技論」に迫《せま》る

## 能面《のうめん》を被《かぶ》ったようで見えない〝本当の顔〟

大川隆法　今日は、俳優の香川照之《かがわてるゆき》さんに迫《せま》ってみたいと思っているのですが、「けっこう〝手強《てごわ》い〟かもしれない」と予想しています。

この方は、俳優でもあるけれども、歌舞伎《かぶき》役者でもあるため、かなりの〝厚化粧《あつげしょう》〟をしていて〝本当の顔〟が見えないような感じがするのです。

さあ、どこまで迫れるでしょうか。今回、彼（の守護霊《しゅごれい》）から、「演技のコツ」について、盗《ぬす》む気はないものの、お借りしようとは思っているのですが、これに迫れるかどうかは微妙《びみょう》なところではあります。

また、この人は、エッセイなども書いているようです。これは、『日本魅録《みろく》』（キネマ旬報社刊）という独特の題のものですけれども、「キネマ旬報《じゅんぽう》」に掲載《けいさい》されたエッセイを三冊ほどにまとめたもので、短いけれども、体験したことやその折々の感想、いろいろな役者との関係などが書かれています。

ただ、これをサラッと読んだのですが、本心がほとんど出てきません。ツルッとしていて、まるで能面《のうめん》を被《かぶ》っているようで、本心がほぼ表れていないため、これはなかなか〝手強い〟かもしれないと思います。

（歌舞伎の化粧をした香川照之の写真が表紙となっている『市川中車《いちかわちゅうしゃ》 46歳《さい》の新参者《しんざんもの》』を見せながら）要するに、こういうことです（笑）。彼は、四十六歳で「九

芸能生活の足跡《そくせき》が綴《つづ》られた香川照之氏のエッセイ

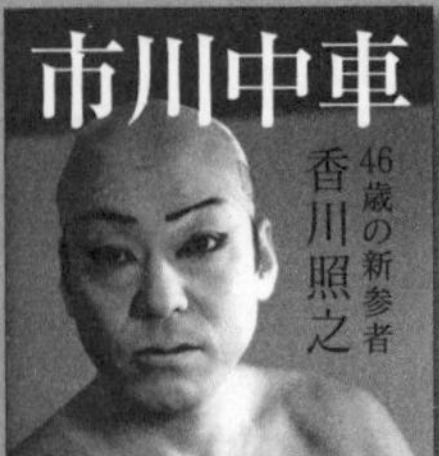

『市川中車 46歳の新参者』（講談社）

『日本魅録』〈1～3巻〉（キネマ旬報社）

代目・市川中車」を継《つ》いだそうで、私には、俳優と両立できているのか知りませんが、彼には、この顔のように〝見えない部分〟があります。

そのため、上手に迫らなければいけないでしょう。

## 役者としての評価がゆっくりと上がってきた香川照之

大川隆法　なお、俳優歴は二十数年あるらしく、たくさんの作品に出てはいるのですが、評価が上がってきたのは、意外に、マラソンで言うと真ん中を過ぎたあたりからではないかという感じがします。

（『日本魅録』のページをめくりながら）「キネマ旬報」に載《の》ったエッセイを読んでみると、共演した役者のいろいろな話が書かれていますが、おそらく、二〇〇〇年代の初めから二〇〇五年ごろまでのものでしょう。要するに、十年前後ぐらい前、現在四十九歳とすると、三十九歳プラスマイナス数年のころです。

このなかには、名前を知っている役者も何人かいましたが、その評価を見ると、「香川照之さんは非常に後発である」という印象を受けます。

というのも、二十数年もの役者歴がありながら、取り上げている役者のほうが先を行っているような書き方をしているのです。今は、この人（香川照之）のほうが、かなり先にいるはずなのに、そう感じられます。

評価がゆっくり上がってきたのか、隠《かく》すのがうまいのか。このあたりについてはよく分かりませんが、当時、このエッセイで「すごい俳優だ」と書かれている人が、今はやや脇役《わきやく》になっているケースが多いのです。ただ、どこの時点でそうなってきたのかは、もうひとつ分からないところがあります。

さて、香川照之さんは、女優の浜木綿子《はまゆうこ》●と歌舞伎役者の三代目市川猿之助《えんのすけ》●（現二代目市川猿翁《えんおう》）を両親に持つ方です。

ちなみに、一九六五年、昭和四十年生まれの四十九歳ですが、私のエクスワイフ（前妻）とは東大文学部の同級生で、クラスメイトだったらしいのです。そういう意味で、けっこう若いころから名前を聞いてはいました。東大の文学部社会心理学科卒で、そ

●浜木綿子（1935 ～）女優。宝塚歌劇団雪組トップ娘役を務め、退団後はドラマ「女監察医・室生亜季子」や「おふくろシリーズ」をはじめ、舞台や映画等で活躍。

●三代目市川猿之助（二代目市川猿翁）（1939 ～）俳優、歌舞伎役者。「猿之助歌舞伎」で一世を風靡し、「スーパー歌舞伎」で新境地を開く。映画にも出演。

れからまもなく芸能界入りしています。

しかし、「目立ってきたのは遅《おそ》かった」という気がしてなりません。初期のころの作品については、私もほとんど知らないのです。

## さまざまな役柄《やくがら》を演じ分けて話題となる

大川隆法　やはり、話題が沸騰《ふっとう》したのは、二〇一〇年のNHK大河《たいが》ドラマ「龍馬伝《りょうまでん》」で岩崎弥太郎《いわさきやたろう》役をやったときだと思います。背中に籠《かご》を背負い、ニワトリがコッココッコと鳴いているなかを走り回るような役でしたが、あまりにも衝撃《しょうげき》的な岩崎弥太郎の映像を見た三菱《みつびし》グループから、すごい〝攻撃《こうげき》〟があったようです。「いくら何でもひどすぎる。われわれの創業者に対して、これ以上の侮辱《ぶじょく》はない」ということでしょう。い

三菱財閥の創業者・岩崎弥太郎〈左〉と、NHK大河ドラマ「龍馬伝」（2010年放送）で弥太郎役を演じた香川氏〈下〉。

やらしい鳥籠売りで、それも、泥《どろ》まみれになっている汚《きたな》い映像がたくさん出てくるような、衝撃の出方ではありました。

おそらく、プライドの高い三菱マンたちにしてみれば、「確かに、商社を始めた人だから、商人といえばそうではあろうけれども、これをうちの創始者と言われるのではかなわん！」というわけです。その後の髭《ひげ》をピシッと生《は》やした偉《えら》そうな岩崎弥太郎の写真が遺《のこ》っているにもかかわらず、「これなのか」ということでしょう。

このように、「三菱から抗議《こうぎ》が来ている」というので、香川さんを認識したことを覚えています。「確かに変わった役づくりをしているな」と感じました。

ほかに私が観《み》たものとしては、映画「SP」の「野望篇」（二〇一〇年公開）と「革命篇」（二〇一一年公開）があります。そのなかでは、いやらしい政治家という

「SP THE MOTION PICTURE 野望篇・革命篇」（2010・2011年公開／東宝／「SP」プロジェクトチーム）では与党の幹事長を務める大物政治家役〈下〉。

か、革命を目指している黒幕の政治家役を演じていました。まだ若かったと思うのですが、幹事長の役職だったと記憶《きおく》しています。

さらに、以前にも話をしたことがありますが、映画「あしたのジョー」（二〇一一年公開）にも出ていました（『教育の使命』〔幸福の科学出版刊〕参照）。歌手で俳優の山下智久《やましたともひさ》が演じる矢吹丈《やぶきじょう》のスパーリング相手をしている、眼帯をかけた禿《は》げで出っ歯のおっさん（丹《たん》下《げ》段平《だんぺい》）役です。

私は、「もしかしたら、これは香川照之かな」と思いつつも分からなかったのですが、映画が終わって最後の字幕に「香川照之」と名前が出たので、「やはり、そうだったか！」と思いました。

「あしたのジョー」（2011年公開／東宝／原作：高森朝雄　ちばてつや作画）では丹下段平役を演じた香川氏。中学生のころから熱烈なボクシングマニアだったという告白をはじめ、映画撮影中の役づくりや他の役者との交流エピソード等を記したエッセイも発表〈左〉。

まさか、あそこまで変わるとは考えておらず、「いくら何でも、これはないだろう。似ている感じはするけれども、こんな役はできまい」と思って観ていた覚えがあるのです。そのため、映画が終わったあとの字幕を確認したときには、ややショックを受けました。マンガのキャラクターに似せて、あそこまで顔をつくっていたわけです。

そのように、ボクシングのスパーリング相手であり、ドヤ街《がい》の腹巻をしたおっさんも演じているので、「よくやるなあ」と思わざるをえません。

この役と、先ほど述べた映画「SP」における政治家の役などでは、かなり感じが違《ちが》います。

## 演技力を高く評価されたドラマ「半沢直樹《はんざわなおき》」とその後の傾向《けいこう》

大川隆法　また、いちばん名前が挙がったのは、二〇一三年に大ヒットした、「半沢《はんざわ》直樹《なおき》」という銀行が舞台のドラマで、主人公の宿敵である大和田《おおわだ》常務役をしたときでしょう。

●ドヤ街　日雇い労働者が滞在する寄せ場の通称で安宿が多い。「ドヤ」は宿を逆読みした隠語。「あしたのジョー」のドヤ街は、東京・山谷（台東区）が舞台。

その際は、主役の堺雅人《さかいまさと》さんも、香川さんも両方とも有名になりましたが、某《ぼう》週刊誌が、「今、日本でいちばん演技がうまいのはこの人（香川照之）ではないか」と書いていたのをはっきり覚えています。「なるほど、そういう見方もあるのかな。そう言えば、そうかもしれない」と思いました。

もちろん、堺雅人さんも、そのあとでドラマ「リーガルハイ（第二期）」に出演していましたが、演技が非常に上手なことで定評のある方ではあります。

ともかく、憎《にく》まれ役、敵役《かたきやく》は、一般的《いっぱんてき》に印象が悪いものですが、それを演じた香川照之さんのことを、口の悪い週刊誌が、「この人がいちばんうまいのではないか」と書いているのを見て、「よく観察しているものだな」と感じました。

そのドラマの最後には、役員会議において、頭取《とうどり》の横に立つ主人公・半沢直樹に向かい、体を震《ふる》わせながら、悔《くや》しそうに土下座《どげざ》するシーンがあったのですが、あれは、そんなに簡単にできるものではないので、「彼が、今、いちばんうまいのではないか」という話が広がっていったのです。私も、そのあたりから、「もしかすると、うまいのかな」と注目していました。
ちなみに、今年の初めに出た週刊誌には、一万人ほどいる日本の役者から百人を選んだものが載っていましたが、香川さんは、「うまい男優ベスト五十」のなかで、二番目に入っていたと思います。一位は堤真一《つつみしんいち》さんでしたが、僅差《きんさ》で二位になっていました。

特に、「演技がうまい」と言われ始めてからは、若干《じゃっかん》、悪役が多いような気がするのですが（笑）、「悪役は難しいからかな」とも感じます。やはり、主役としては正義のヒーローのほうがかっこいいものですけれども、悪役のほうが、ややうまくなってきたように思います。

テレビドラマ「半沢直樹」（2013年放送／TBS／原作：池井戸潤）では、堺雅人氏演じる銀行員・半沢直樹と、香川氏演じる上司・大和田常務との壮絶な対決が話題になった。

また、二〇一四年に放送された木村拓哉《きむらたくや》主演のドラマ「宮本武蔵《みやもとむさし》」では、沢庵《たくあん》役でした。ほかの人の評価は分からないものの、「さすがに、これは外《はず》れたのではないか」と私は見ています。お坊《ぼう》さんの役はさすがに生臭《なまぐさ》すぎて、少し違うように思ったのです。ただ、それは私の主観なのかもしれません。沢庵には宗教家のイメージがあるため、そのように感じただけで、あれでよいのかもしれないとも思います。

ほかの俳優にも〝目茶苦茶《めちゃくちゃ》な〟役を割り当てていたので、「キムタクが武蔵をやるぐらいだから、このくらい外れていないと合わない」という意味では、本物のお坊さんのように演じた場合には、合わなかった可能性もあるでしょう。

## 人気俳優二人の腕比《うでくら》べが面白《おもしろ》い、映画「鍵泥棒《かぎどろぼう》のメソッド」

大川隆法　それから、あまり知られていないかもしれませんが、「鍵泥棒《かぎどろぼう》のメソッド」という映画にも出演しています。公開されたのは二〇一二年で、彼の評判は今ほど高くはなかったと思います。

●堤真一（1964〜）俳優。ジャパンアクションクラブ出身。舞台を中心に活動し、テレビドラマや映画に活躍の場を広げる。映画「ALWAYS 三丁目の夕日」で日本アカデミー賞最優秀助演男優賞、「クライマーズ・ハイ」で優秀主演男優賞を受賞するなど、日本を代表する演技派俳優の一人となっている。

先述のドラマ「半沢直樹」と「リーガルハイ」で主役だった堺雅人さんと共演していて、彼と立場が入れ替《か》わるというストーリーでした。そういう目で見ると、実に面《おも》白《しろ》い映画になっています。

香川照之さんの役は、最初、暗殺者というか、プロの殺し屋という感じで出てくるのですが、実際は殺し屋になりすましている万屋《よろずや》です。要するに、「殺したふりをして、依頼《いらい》したほうからも、殺されたことになっている人からもお金をもらう」というもので、そういうちょっと怪《あや》しい役なのです。

一方、堺雅人さんのほうは売れない俳優の役でした。彼は、売れなくてお金もないので、住んでいるオンボロアパートで自殺しようとするのですが、遺書まで書いたのに死に切れず、諦《あきら》めて銭湯《せんとう》に行くの

「鍵泥棒のメソッド」(2012年公開／クロックワークス／「鍵泥棒のメソッド」製作委員会)で、堺雅人氏と丁々発止の演技対決を繰り広げている。

です。

ところが、金持ちで、よいマンションに入っている〝殺し屋〟（香川照之）のほうも、〝人殺し〟をしたあとに〝血〟が付いていたので、体を洗ってその血を流そうと銭湯にやってきました。

その際、脱衣所《だついじょ》で札束《さつたば》がかなり入った財布《さいふ》を置いたのですが、その場面を、堺雅人さんが演じる、売れなくて全然金がない俳優がチラッと見て、「あ、金を持ってるなあ」と思ったわけです。

普通《ふつう》、銭湯では、荷物をロッカーのなかへ入れ、手首にその鍵をかけてお風呂《ふろ》に入ります。

その〝殺し屋〟役の香川照之さんが、体を洗おうとしてお風呂に入っていくのだけれども、どのように撮影《さつえい》したのか、銭湯のなかで素《す》っ裸《ぱだか》の状態で石鹸《せっけん》を踏《ふ》み、ツルンと転んで宙に浮《う》き、そのまま落ちて頭をしたたかに打ち、意識を失って病院に運び込《こ》まれます。

そのとき、彼のロッカーの鍵を拾った、売れない俳優役である堺雅人さんが、隙《すき》を見て彼の持っていた荷物をすべて入れ替えます。そして、盗んだ財布から、自分の未《み》払《ばら》いになっていたところすべてにお金を払っていくのです。

一方、〝殺し屋〟役の香川さんのほうは病院に入ったものの、意識がなくなって記憶障害となり、自分が誰《だれ》か分からない状態になってしまいます。

その後、意識は戻《もど》りますが、風呂屋の鍵をすり替えられて、着ていた服もすべて入れ替わっていたため、自分のことを違う名前の人だと思い込むわけです。

そのように、〝殺し屋〟と売れない俳優が入れ替わり、役割を交差させて演じるという内容です。

これは、ある意味で、今、人気を二分《にぶん》している二人の俳優が、役を途中《とちゅう》で入れ替えて「腕比《うでくら》べ」をしているような面があり、そういう目で見るとなかなか面白いところではあります。

ただ、以前は両者とも、今ほどには役者としてのプライドは持っていなかった感じもあります。

例えば、香川さんの本には、優秀《ゆうしゅう》助演男優賞を受賞したときの日本アカデミー賞（第二十八回）の受賞式で、共演した女優から、「香川さん、もう百回ぐらい来ているのかと思いました」と言われたけれども、「そんな訳あるはずがない」と書かれています。最初のころは、大きな賞になかなか縁《えん》がなかったらしく、他の有名な俳優のほうが先にいろいろな賞をもらっていたようです。このあたりが少し気になりました。

香川照之氏は日本アカデミー賞の常連。2004年には映画「赤い月」（〈左〉東宝／「赤い月」製作委員会／原作：なかにし礼）で第28回優秀助演男優賞を受賞したのをはじめ、第29回、第30回、第31回、第33回、第36回でも受賞している（〈右〉「劒岳 点の記」で最優秀助演男優賞を受賞した第33回授賞式で）。

## 非現実なほどの悪役シーンが印象的な映画「るろうに剣心《けんしん》」

大川隆法　また、「るろうに剣心《けんしん》」の一作目（二〇一二年公開）に悪人役として出ています。それは、阿片《あへん》をつくらせて金儲《かねもう》けをしたり、浪人《ろうにん》をたくさん雇《やと》って、地上げ屋のように神谷活心《かみやかっしん》流《りゅう》道場を乗っ取ろうとして襲《おそ》わせたりする役でした。

映画の最後には、その悪人役の香川さんが、何百連発もできそうな、洋式のものすごい機関《きかん》銃《じゅう》で、主人公の緋村剣心《ひむらけんしん》をバンバンバンバンと撃《う》ちまくるシーンがあります。このマシンガンに対し、非現実と言うと度が過ぎているかもし

緋村剣心役で佐藤健氏〈左〉の超人的な殺陣《たて》が話題になった「るろうに剣心」（2012 年公開／ワーナー・ブラザース映画／原作：和月伸宏）では、剣心と対決する悪徳商人・武田観柳役〈右〉を熱演。

れませんが、剣心役の佐藤健《さとうたける》さんが逆刃刀《さかばとう》で挑《いど》みます。あそこまで行くと、その運動神経はもはや超人《ちょうじん》の域なので、映画の見せ場でしょう。

佐藤健さんは二百人以上の敵と戦う役で大変だったと思いますけれども、香川さんは、マシンガンを撃つ悪役をしていたのが印象的でした。

## ネガティブな言葉を一切《いっさい》言わない俳優・唐沢寿明《からさわとしあき》への高い評価

大川隆法　それから、もっと前になりますけれども、映画「イン・ザ・ヒーロー」での唐沢寿明《からさわとしあき》さんが、NHKの大河ドラマ「利家《としいえ》とまつ」(二〇〇二年放送)に主役・前田《まえだ》利家役で出たときにも、配役の一人として出演しています。彼は、ずっと一緒《いっしょ》に撮影をしていたときの唐沢寿明さんの印象を、エッセイで「これはすごい人だ」と書いています。

「撮影期間中ずっと、過密な撮影でクタクタになっていても、唐沢さんは一切《いっさい》否定的なことを言わない」というような表現の仕方をしていて、ネガティブな言葉は一言《ひとこと》も聞いたことがなくて驚《おどろ》いたようです。

ただ、今は、どんな立場関係になっているのかはよく知りません。

唐沢さんが、自伝的な映画「イン・ザ・ヒーロー」のなかでも描かれていたように、たいへんな叩《たた》き上げ人生で、下積みの売れないときにスーツアクターをしたところから、だんだん上がっていくような感じだったのに対し、香川照之さんははるかにプリンス風の生《お》い立ちではあり、暁星《ぎょうせい》高校から東大に入っています。

ちなみに、幸福実現党の加藤文康《かとうぶんこう》幹事長も暁星高校から東大へ行っています。年も近いので、もしかしたら知っているかもしれませんけれども、香川さんはプリンス風に入ったと思われます。そういう彼が、唐沢さんを非常に高く評価していて、驚きました。

『「イン・ザ・ヒーローの世界へ」―俳優・唐沢寿明の守護霊トーク―』(幸福の科学出版)

## 二十歳《さい》の女優・武井咲《たけいえみ》の才能を見抜《みぬ》き、〝化《ば》け物〟と評した香川照之

大川隆法　それから、先般、武井咲《たけいえみ》さんの守護霊霊言《れいげん》（『時間よ、止まれ。――女優・武井咲とその時代――』〔幸福の科学出版刊〕参照）を収録しましたが、一作目の「るろうに剣心」で彼女と共演したときに、香川照之さんは、「こいつは化《ば》け物だ」という評価をしていたようです。これは、『帝王学の築き方』〔幸福の科学出版刊〕でも少し述べています。

二十歳《さい》前にして〝化け物〟という評価をされることがどんな意味であるかは分かりませんが、要するに、「ただ者ではない」ということなのでしょう。

確かに、彼女が「情熱大陸」というテレビ番組に出たときに、それを思わせるような言葉を語っていました。芝居《しばい》に出ても、周りは自分より年上ばかりであるため、「相

武井咲守護霊の霊言を収録した『時間よ、止まれ。』（幸福の科学出版）

談をして、アドバイスなどを頂いても、結果、教えてもらうことがすごく大人っぽくなってしまうんです」と言っていたのです。いちばん年下で主役などを張っているため、妙な感覚になるらしく、武井さんも、「私って、こんなませたことばかりをしていると早死《はやじ》にしちゃうんじゃないかしら」というようなことを言っていたと思います。

そのように、香川さんは、彼女に対して〝怪物《かいぶつ》〟のような評価をしていたわけですが、その意味では、何か感じるものがあったのかもしれません。

## ドラマ「坂の上の雲」の正岡子規《まさおかしき》役で見せた徹底《てってい》した役づくり

大川隆法　ほかに印象的だったものとしては、ドラマ「坂の上の雲」（二〇〇九～二〇一一年放送）があります。そこでは、陸軍と海軍のエースになった秋山《あきやま》兄弟と、文学者の正岡子規《まさおかしき》という松山《まつやま》出身の三人が出てきますけれども、香川さんは正岡子規役をしました。

「坂の上の雲」(2009 ～ 2011 年放送／ NHK)

子規は病床《びょうしょう》に就《つ》いて、だんだん痩《や》せていくわけですが、香川さんは、「やはり病人だから、痩せていかなければいかんだろう」ということで、減量に挑んだといいます。回を追うごとに、本当にやつれていくところを演じたことは、ある程度評判になったように思います。

なお、歌舞伎役者としての演技については、私はよく分からないので言わないことにします。

## 心理映画「ゆれる」での興味深い役者対決

大川隆法　それから、二〇〇六年には、映画「ゆれる」で報知《ほうち》映画賞の最優秀助演男優賞を取っていますが、これは私も観ました。タイトルの「ゆれる」というのは、「吊《つ》り橋が揺《ゆ》れる」ことをイメージしています。ある女性監督《かんとく》による二作目の映画だったと思います。

このときは、オダギリジョーさんと兄弟役で共演しましたが、その兄弟の絡《から》みを描いた映画です。香川さんは、とても気が弱く正直者の兄の役で、オダギリジョーさんが、東京に出て遊びを覚えた、ややヤンキー風の弟役でした。

映画では、弟が帰省した際、ガソリンスタンドで働く兄は、幼なじみで同僚《どうりょう》でもある女性を誘《さそ》い、三人で、子供時代に父親に連れていかれた渓谷《けいこく》へ遊びにいきます。そこで、ちょっと用でも足してくるような感じで吊り橋を渡《わた》って向こうへ行ってしまった弟を、女性が追いかけていこうとするのですが、兄のほうは、「私は、揺れる吊り橋は嫌《きら》いだから行かない。行ったことがないんだ」と言いつつ、女性を心配して追いかけていきます。

ところが、吊り橋の途中で二人にちょっとしたいさかいがあって橋が揺れ、女性は落ちてしまいます。

これは、兄と弟の葛藤《かっとう》を描いた心理映画だと思います。

実は弟が女性に手を出していたのですが、結局、「兄

西川美和監督「ゆれる」(2006年公開／アスミック・エース／「ゆれる」製作委員会)では、一人の女性をめぐる兄弟間の微妙な心理を演じ、日本アカデミー賞で優秀助演男優賞、ブルー・リボン賞で助演男優賞を受賞した。

が女性をストーカー的に襲って、吊り橋から落とした」ということになり、兄は七年の刑期《けいき》に服するわけです。そのときの役の使い分けや、オダギリジョーさんとの微妙な駆《か》け引きのようなものには、何とも言えないものがありました。〝役者対決〟としては、非常に面白いものがあったように思います。

「香川さんは、ああいうおとなしい田舎《いなか》の兄ちゃんで、正直で騙《だま》されやすいような役もできるんだな」と、少し不思議な感じを受けました。

## 「今、いちばんうまい」と言われる俳優から「プロの演技論」を引き出す

大川隆法　そういう意味で、香川さんは極《きわ》めて多面性のある方で、本当の素顔はよく分からない人なのではないかと思います。エッセイのなかで語っているほかの役者についても、本心を語っているのかどうか分かりません。

さあ、今日はこの〝厚化粧〟を剝《は》がせるかどうかです。

幸福の科学も、芸能部門を何らかのかたちで立ち上げたいと思っていますので、で

きれば、「プロフェッショナルの演技論」を何か引き出せないかどうかと考えています。

ただ、本心を答えずに、はぐらかす可能性はかなり高いと思われるので、「そこを何とか協力してもらえないでしょうか」とお願いしてみたいと思うわけです。

「今、いちばんうまい」とも言われている方の考えていること、演技についての見解、自分としてはどういうふうにしようとしているのか、ほかの人の演技をどのように見ているのかといったことについて、上手に質問すれば、十分に聞き出せる可能性があるのではないかと思います。

当然、地頭《じあたま》はいい方ですから、何らかのそうしたロジックというか、コンセプトのようなものをつかみ出す能力があるのではないでしょうか。ただ、それを外にはそう簡単に言わない人なのではないかとも思っています。

## 俳優・香川照之の守護霊《しゅごれい》を招霊《しょうれい》する

大川隆法　それでは、説明が長くなりましたけれども、現在、私たちは芸術についての探究もしていますので、今、役者としてたいへん評判の高い俳優、香川照之さんの「演技論」についてご指導を下さいますよう、どうかお願い申し上げます。

俳優・香川照之さんの守護霊《しゅごれい》よ。

俳優・香川照之さんの守護霊よ。

どうか、プロの俳優、演技者となるためのコツ、心得《こころえ》、あるいは、その準備や形成期間の過ごし方等、アドバイスを下されば幸いに思います。

香川照之さんの守護霊よ。

香川照之さんの守護霊よ。

初めてですが、どうか幸福の科学教祖殿《きょうそでん》に降りたまいて、われらの質問にお答えくださいますよう、お願い申し上げます。

（約十秒間の沈黙《ちんもく》）

## 2 断固として本心を明かそうとしない香川照之守護霊《しゅごれい》

「役者は本心を見られたら、もはやプロではない」

香川照之守護霊　（息を吸い込《こ》む）ちょっとぉ……。

竹内　おはようございます。

香川照之守護霊　（舌打ち）ちょっと……。これは演技のしようがないじゃないですか。どうします？

竹内　いや、今日は、香川さんの本心をいろいろと伺《うかが》っていきたいと思いますので……。

香川照之守護霊　いや、それはまずいよ。本心を言わされたら、役者じゃないよ。

竹内　いや、役者の……。

香川照之守護霊　役者は本心じゃないから、役者なんですよ。

竹内　「（役者は本心を）語ってはいけない」と。

香川照之守護霊　本心を出したら、役者じゃないんですよ。

竹内　うーん……。

香川照之守護霊　それは違《ちが》う。役者じゃない。

竹内　「役者じゃない」と。

香川照之守護霊　うん。本心を見られたら、もうそのときに、もはやプロではない。

竹内　うーん。なるほど。

香川照之守護霊　役者は役者ですから。

竹内　では、役者は、普段《ふだん》のときであっても、本心を隠《かく》して……。

香川照之守護霊　「そんなもの、見られてたまるかあ！」ってところですよねえ。それはねえ、本心が見えるようでは役者ではないですよお。

竹内　なるほど。

香川照之守護霊　これ、まずい企画《きかく》ですよお。

竹内　まずい企画ですか（苦笑）。

香川照之守護霊　うーん。表面意識のほうの本人（香川照之氏）が読んだら、ずっこけるっていうか、「これは、たまらん！」っていう……。

竹内　あっ、本人も自覚していないかもしれない？

香川照之守護霊　ああ……。いや、こんなの、公開されるんでしたら、あんた、十億円ぐらい積んでもらわないと、それは。とてもじゃないけど〝出演料〟を頂かんと、たまりませんよ、これ。

竹内　（笑）十億円ですか（会場笑）。

香川照之守護霊　役者が本心を見せるってのは、そら、もう〝素《す》っ裸《ぱだか》〟ですからねえ。たまりませんよ、そりゃあ。

竹内　ああ。

香川照之守護霊　ええ？　褌《ふんどし》一枚、ないのと一緒《いっしょ》でしょう？

竹内　では、ぜひ、香川さんの、その本心を少し伺っていきたいと思いますので……。

香川照之守護霊　いや、これは困ったねえ。駆《か》け引きだねえ。

竹内　今日は、ご協力いただければ幸いでございます。

香川照之守護霊　言って……、言ってなるもんか。ええ？　言ってなるもんか。

竹内　（笑）「なるもんか」と。

香川照之守護霊　悪役は悪役……。

「私が俳優になったのは偶然《ぐうぜん》の事故」というのは本心？

竹内　私は香川さんの作品を観《み》させていただきましたが、やはり、芸の幅《はば》の広さと、役を演じ切るプロの意気込《ご》みをすごく感じていまして……。

香川照之守護霊　（舌打ち）いや、全然、そんなものないんだよ。

竹内　あっ、そうですか。

香川照之守護霊　全然、ない。まったくない！

竹内　まったくない？

香川照之守護霊　うーん。プロの意気込み、まったくゼロ！　それは、あんたがたの、まったく的外《まとはず》れ！　今回ねえ、企画もまったくの外れ。

あのねえ、私が俳優になったのは、もう完璧《かんぺき》に交通事故みたいなもので、本当にねえ、偶然《ぐうぜん》の事故なんですよお。

こんなもの、「なりたい」なんて思ったことないのに、なってしまったんですよお！　たまたま生まれが悪くて。しかたなく、なっちゃったんですよ。

竹内　「生まれが悪い」と思っているのは、本心……。

香川照之守護霊　生まれが悪いんですよ。こんなところに生まれちゃったら、女優と歌舞伎《かぶき》俳優のところに生まれたら、これ、もう宿命っていうか、運命っていうか、本当に、モーセが何か葦舟《あしぶね》で河に流されたみたいな、こんな感じですよ。これで拾《ひろ》われたみたいな感じの、こんなものですから、これ、逃《に》げられないような宿命のなかを流されて……。

私は、もっと別な道はあるわけですよ。東大の文学部を出ているんですから、そんなの、「ＮＨＫのプロデューサーぐらいやれ」って言ったら、そのあたりが本流ですよね？　まあ、言えばねえ、はっきり言やあ。

なんで、役者として、そんな、ニワトリを担《かつ》いで歩かなきゃいけないわけですか！　本当に。もう立場が違うでしょう！　逆でしょう。そんなの、たまらないですよ。

これは〝事故〟ですよ、俳優になったのは。

竹内　〝事故〟ですか（笑）。

愛染　ウフフフ……（笑）。

香川照之守護霊　（愛染を指して）なんで笑うのよ！　そこ！（会場笑）本心を言っている……。

小田　（笑）

香川照之守護霊　いや、本心じゃないけども（会場笑）、まあ、本心を言っている。ある意味での本心を言っているわけですから。

小田　自身の「生《お》い立ち」や「経歴」を振《ふ》り返って

小田　お母様が女優の浜木綿子《はまゆうこ》さんで、お父様が二代目の市川猿翁《いちかわえんおう》さん。本当に日本を代表する女優、役者だと思うのですけれども……。

香川照之守護霊　いやあ、「大金持ちの一家」っていうんだったらいいけどなあ。そういう、「演技をしてなんぼ」っていうのなら、そんな、「日本を代表する」って言われるのは、ちょっとな。そういう意味での〝プリンス〟じゃないわなあ。

だから、政治家ならいいけどね。安倍《あべ》さんみたいなのいいなあ。総理になれるのなあ、いいなあ。あちらのほうがいいなあ、僕《ぼく》はなあ。

勉強して、そんな汚《きたな》い役ばっかりやらされる。そんな、これ、たまらんのよ、そんなの。たまんねえわあ。人生、間違いだよな。

小田　（笑）いや、やはり、ご両親の影響《えいきょう》がずいぶんあったのではないかと思うのですけれども、そのへんはいかがですか。

香川照之守護霊　うーん。そんなの、しょうがない。もう、教育が人をつくるんでしょ？　人間をねえ。

だから、暁星《ぎょうせい》高校を出て、東大を出て、あんた、役者なんかになったら、もう、人生悲劇ですよ、これ！　教育が人をつくっていない証拠《しょうこ》だね。「生まれによって人ができる」っていう、そのものじゃないですか、これ。

小田　（笑）自伝を読ませていただいたら、「消去法で俳優になった」というように書いてあって……。

香川照之守護霊　だから、「才能がなかった」っていうことでしょ？　まったく。何にもない。

小田　いやあ、そんなことはないです。

香川照之守護霊　要するに、「サラリーマンになる才能さえなかった」っていう……。

竹内　うーん……。

香川照之守護霊　普通は、そんな、東大を出たら、まあ、三年や五年ぐらい、少し勤めてねえ、「ああ、やっぱり面白《おもしろ》うないなあ、人に仕えるのは。じゃあ、ちょっと自由業をやるか」っていうようなもんで俳優になるのなら、まあ分かるよね？

プライド的には、普通、そのくらいはあるよ。一流企業ぐらいは入ってみせて。まあ、それなら分かるけど、最初から、そんな俳優業なんて、ほとんど乞食《こじき》同然ですよ、これ。本当に、かっこ悪い、かっこ悪い。同級生に一人もいませんよぉ！　もう恥《は》ずかしいですよ。

小田　いや、いや、いや。もう、本当にバイプレーヤー（脇役《わきやく》）に徹《てっ》していらっしゃると思うんですよ。

香川照之守護霊　ええ？

小田　もう、〝脇役道《どう》〟といいますか、すごいなと思います。

## 自伝の「しかたなく役者になった」という言葉の本心を訊《き》く

香川照之守護霊　（小田を指して）この人、なんか手強《てごわ》いね（会場笑）。なんか、なんか……。こう、目つきがいやらしいわあ（会場笑）。

小田　（苦笑）いやいやいや。申し訳ございません。

香川照之守護霊　こういう人、ねえ。もう、なんか、女優をカメラマンに撮《と》らせて、「ああ、駄目《だめ》です。そこ、それ駄目。もう一枚脱《ぬ》いで！　ああ、そこで、それも脱いで！　もっと日の当たるところに出て！　はい。胸を張って！」とかいう、何かこういう、厳しい感じ（会場笑）。

小田　（苦笑）いえ、いえ。

香川照之守護霊　いやらしいねえ。厳しいねえ、なんか。一枚一枚、脱がされそうな、そんな嫌《いや》な感じがする。

小田　そうですか（苦笑）。

愛染　（笑）

香川照之守護霊　（質問者の小田から受ける）インスピレーションは……。

竹内　では、少し〝脱いで〟いただけると……。

香川照之守護霊　脱がそうとしているでしょう？

竹内　ええ、ええ。

香川照之守護霊　そうはいかんぞ（会場笑）。

小田　いや、いや、いや（苦笑）。

自伝を読ませていただいたときに、「本当に消去法で、しかたなく役者になった」と書いてあって……。

香川照之守護霊　しかたなしですよ。

小田「あれは本当かな」と思ったのですけれども……。

香川照之守護霊　本当ですよ。もう本当に……。

小田　ええ?

香川照之守護霊　いや、才能がねえ、「ない」って、はっきり言って、「ない」と思いましたよ。ほんっとに才能がない。

小田　いやあ、すごい才能でいらっしゃいますよ。

香川照之守護霊　「俳優」ったって、あんたねえ、よっぽどの売れっ子になりゃあ収入にはなりますけど、たいていは、みんな、もうほとんどねえ、河原乞食《かわらこじき》と変わらんですよ。もうほとんどねえ。

たまに役が来る。「(胸を張って、歩くように左右の手を振《ふ》りながら)通行人の役。はい、千円もらいました」ぐらいの、まあ、そんなんですよ。

こんな生活をねえ、十年ぐらい続けて、やっと芽が出るかどうかみたいな、こんな仕事ですからね。

小田　うーん。

香川照之守護霊　これは、身分、低いよぉ。

小田　いや、でも、スタッフは、絶対に香川さんを使いたいと思うんですよ。

香川照之守護霊　いやあ……。

小田　呼んだら必ず、その作品の質が上がりますからね。本当に、もう確実に。

香川照之守護霊　ほう。（岩崎弥太郎役で）三菱《みつびし》の格を、グループ全体の株を下げて……。

小田　いえ、いえ、いえ（笑）。

香川照之守護霊　それで格が上がる？

小田　いや（笑）、作品の格が上がりますよ。

香川照之守護霊　ほおー、そらあ、人の不幸の上に幸福を築く、もう悪魔《あくま》みたいな人間だね。ほとんど、これは。

小田・愛染　（笑）

香川照之守護霊　ええ？　悪魔役で、次は出してもらわないといかんで。ハッ。

小田　うーん。いや、「どうしたら、そこまで役に徹することができるのかな」というのを……。

香川照之守護霊　いやいや、「徹してないんだ」って。だから、もう。

小田　ええ？　そうなのですか。

香川照之守護霊　本当に、やる気ないの、全然。だから、しゃあないからさあ、もう監督《かんとく》が言うとおりにしているだけで、まったく役なんかに徹している気はなくてね。

監督が言っているから、監督が合格点をくれるように、まあ、やるしかないわなあ。元優等生としては、監督が赤点を出してはいけないから、合格点を出すまでやるけど、自分として「その演技がいい」なんて、全然、思っていない。

「こんなくだらねえことを俺《おれ》にやらしおって」と、本当は、本心は思っていても、監督がそう言うから、まあ、その人の芸術観だからね、「それがいいと思っているんなら、やりますけど？」みたいな。ねえ。

私なんか、そりゃあねえ、私を悪役で使うなんて、だいたい、そんなの間違いですよ、本当に、そもそも。そもそも間違ってますけど、みな使いたがる。な？　今ね。

これはねえ、本当に、世の中が引っ繰《く》り返っている証拠ですよね。私なんか、やっぱり、イエス・キリストや仏陀《ぶっだ》の役で使うべきですよ、本来ね。

小田・竹内　（笑）

## 3 香川照之守護霊が語る〝悪役〟の演技

### 「悪役」の心構え、「善人役」の心構え

竹内　香川さんの悪役には、何か引き込《こ》まれる魅力《みりょく》がありまして……。

香川照之守護霊　いや、それは嫌《いや》だねえ。本性《ほんしょう》みたいじゃん、まるで。

竹内　いや、そこが私は少し気になっているのですけれども、今日、「そこまで本心を隠《かく》す」ということは、「悪役」と「香川さんの本心」とに何かつながるものが……。

香川照之守護霊　だから、「元悪人」だったら、それこそ、本心になっちゃうわなあ。

竹内　いや、ただ、「本当の悪人では悪役を演じ切れない」と思うんですよ。

香川照之守護霊　ああ、なるほど。（竹内を指して）じゃあ、君なんか、悪人しか演じられないわけだ。

竹内　ああ（笑）、そうかもしれません。では、「悪役を演じるとき」というのは、どのような心構えでやっておられるのでしょうか。

香川照之守護霊　いや、悪役を演じるときはですね、〝地《じ》〟でやればいいから、楽は楽なんですよ。

竹内　〝地〟でやるのですか。

香川照之守護霊　うん。だから、演技が要《い》らないから、ほとんど。〝地〟でやればいいから。

善人を演じるときは、それは演技が要りますわね。そうとう演技をやらないと善人に見えないので、これは大変。難しい。だから、世の中の善人をしっかり観察して、勉強しなきゃいかんと思うけど、幸いに、善人の役は、もうだんだん回ってこなくなってきたから……。

竹内 (笑)はい。

香川照之守護霊 もう、「あれは悪役だ」っていうのが、「決まり」っていう感じになってきたから。

## 映画「バットマン」の悪役「ジョーカー」を観《み》て思うこと

竹内 例えば、「バットマン」シリーズの映画には、「ジョーカー」という悪役がいましたが、ああした、本当に……。

香川照之守護霊　ヘッヘッヘッ（笑）、ジョーカーを出してきたか。

竹内　いや、いや、「あなたがジョーカー」とは言っていないのですけれども……。

香川照之守護霊　あれ、難しいよ。あれは、できんわ。

竹内　確かに難しいです。それで、あの猟奇《りょうき》的な……。

香川照之守護霊　あれは、私でもできん。やっぱり、さすがにできねえわ。

竹内　それで、そのジョーカーを演じた人は、役を演じたあとに、急性薬物中毒か何

「ダークナイト」（2008年公開／ワーナー・ブラザーズ／Legendary Pictures・Syncopy Films／原作：ボブ・ケイン）では、バットマンシリーズ最凶の敵といわれるジョーカー役を演じたヒース・レジャーによる徹底的な役づくりが話題になったが、映画公開直前、急性薬物中毒で急逝した。

かで、確か亡《な》くなっていまして……。

香川照之守護霊　うわ、うわ、うわ、うわっ。

竹内　やはり、もともと……。

香川照之守護霊　そういうインスピレーションを与《あた》えるのは、やめてください。

竹内　ああ、すみません（苦笑）。

香川照之守護霊　引きずり込まれるから。

竹内　そうですね。ですから、悪役を演じていても、やはり香川さんとは違《ちが》うと思うんですよ。

香川照之守護霊　そうかな。いちおう、やっぱりね、いやあ、惹《ひ》かれるものはあるよ。「バットマン」って強いじゃない？　ねえ？　すごく強いじゃない？

竹内　はい。

香川照之守護霊　あんな武器やいろんな技術を持っているバットマンと、化粧《けしょう》で顔を白く塗《ぬ》って、（両手の人差し指と親指で、自分の顔に大きな唇《くちびる》を描きながら）唇だけを描いて、「アーハッハッ」ていう狂《くる》ったマッドマン（狂人《きょうじん》）だよなあ、あれな。

あのジョーカーが、「（バットマンと）対等に戦える」なんていうのは、普通《ふつう》、信じられないじゃない。

竹内　うーん……。

香川照之守護霊　役として、もたないよ、あれねえ。バットマンと戦って、そんな、「バットマンが追い詰《つ》められる」なんて考えられないですよね。

それを平気でやるでしょう？　あれ（その俳優）は、どんな死に方をしたか知らんけどさあ、いや、難しいと思いますね。

だから、私、突《つ》き詰めれば、やっぱり、あの世界まで行ってしまうと思う。

## 「香川照之の悪役」と「ジョーカー役」の違《ちが》いとは

竹内　では、そういった、突き詰めて、そこまで行って死んだ人と、香川さんがやっている……。

香川照之守護霊　いや、行きたくない、行きたくない。いや、いや、いや、行きたくないけど、「顔を真っ白に塗ると（ジョーカーと）似ているね」というだけの話です。

竹内　いえ、そうしたジョーカーと、香川さんがやっている悪役の違《ちが》いは何なのですか。

香川照之守護霊　いやあ、それは、「向こうがうまい」っていうだけでしょう。それは、それだけだ。

竹内　いや。「うまい」「下手」ではなく、おそらく求めているものが違うのではないですかね。

香川照之守護霊　まあ、でも、ちょっと似ているかもしらんねえ。「『るろうに剣心《けんしん》』の緋村《ひむら》剣心と、悪役でマシンガンで戦う」なんていうのは、こんなの、阿片《あへん》をつくらせたりして、ちょっと似ているんじゃない？　それ、ジョーカーに、そう言えば。

あなた、痛いところ突いてきたねえ。

竹内　ただ、ジョーカーの人は、役が終わったあともそれが抜《ぬ》けなくて、不眠症が続くなど、実生活でもおかしくなっていったとも言われます。

香川照之守護霊　ああ……。

竹内　でも、「香川さんは、役を演じ終えると、おそらく意識が切り替《か》わっている」と思うんですよ。

香川照之守護霊　あっ、それはねえ、もう最初から、「悪人だ」と思って生きているからかもしれないね。

竹内　うん？　香川さんがですか？

香川照之守護霊　小さいころから、「悪人」として生きているから。だから、変わらない。変わらなくていいから。

竹内　おそらく、それは「仮面だ」と思うのです。「ご自身が悪人」というのは、わざとつくっていらっしゃるんですか。

香川照之守護霊　〝演じる〟と狂うわけよ。

竹内　あっ、〝演じる〟と狂うのですか。

香川照之守護霊　〝悪人を演じる〟と狂うわけよ。だから、悪人がそのまま、〝地〟のままで悪人をやったら、別に狂わないのよ。

〝悪人が善人を演じたりする〟と、だから、「イエス・キリスト役」で十字架《じゅうじか》に磔《はりつけ》で、釘《くぎ》なんか打たれて、槍《やり》で刺《さ》されて死んだりすると、しばらく抜けなくて、もう頭からイエスの〝あれ〟が抜けなくて、微塵《みじん》も歩けないかもねえ、もしかしたら。もう、塵《ちり》一つ落としちゃいけない感じがするかも。

## 「自分の悪役が評価される理由」を語る

竹内　「〝地《じ》〟で悪役を演じている」というのはどういうことなのですか、もう少し訊《き》きますと。

香川照之守護霊　まあ、「世の中に染まっている」ということでしょう、ただ単に。

竹内　世の中に染まっている?

香川照之守護霊　世の中は、突き詰めれば、まあ、〝悪〟ですからね。「それに染まっている」ということですよ。

竹内　うーん。でも、それだけだったら、何の魅力もないキャラになるはずです。

香川照之守護霊　いやあ、やっぱりねえ、（私の映画やドラマを）観《み》ている人は、もうほとんど日本人だろうけれども、日本人の大部分は、本当は〝悪人〟なんだよ。

本当は〝悪人〟なんだけども、「自分だけは悪人じゃない」と思いたがっているのよ、みんなね。本当は〝悪人〟がほとんどなんだけども、「自分だけ、悪人じゃない人間になりたい」と思っている。

だから、自分より、もっと悪人の人を観て、「あっ、やっぱり私は善人だったんだな」と自己確認できる。その喜びが「私への評価」に変わってるんだ、たぶん。

竹内　うーん、でも、ある意味で、「主役を引き立てる力がある」ということですよね。つまり、何でもそうですが、光を見るには、周りを暗くすると中心は光りますから。

香川照之守護霊　私のダークサイドを、そんなに解剖《かいぼう》したいわけ？

竹内　（笑）

香川照之守護霊　うーん。十億円、用意してくれる？

竹内　ええ。考えます（笑）。

香川照之守護霊　ええ？　まあ、本当にもう、殺し屋で出てくるよ、今晩は（笑）。

「映画『るろうに剣心《けんしん》』での悪役は、ほとんど〝地《じ》〟に近い」？

竹内　やはり、香川さんの悪役についてお訊きしたいのですけれども、例えば、「るろうに剣心《けんしん》」のときは、どういう心構えで演じていらしたのですか。

香川照之守護霊　あれは、もうほとんど〝地《じ》〟でしょう。あのころになったら、もうほぼ。

竹内　うーん、〝地〟なのですか。

香川照之守護霊　もう、いつも、あんなんですから、最近もう。

竹内　あっ、そうですか。

香川照之守護霊　あんなの全然、演技なんか要《い》らないですよ。そのものですよ。時代背景を合わしただけで、あとは何にも演技なんか要らないですよ。やりたいだけ、やっているだけでね。

竹内　やりたいことをやっているのですか。

香川照之守護霊　うーん。機関銃《きかんじゅう》を回しながら、「この佐藤健《たける》、ぶっ殺したらあ」っていう、（機関銃を振《ふ》り回すしぐさをしながら）パアアーッて、もう撃《う》って撃って、

「何とかして、当てて殺したろう」と思って、本気でやっているだけよ。

だから、向こうは、「撃たれまい」と思って、必死で逃《に》げ回っとるんだよ。そしたら迫力《はくりょく》が出てきて、逃げるほうが迫力が出てくるわけよ。

そりゃそうでしょう。ウサギだってキツネだって、狩《か》りをされたら必死で逃げるでしょう。あの逃げ方には迫真性があるよねえ。撃たれたら、それで、もうやられますから、死にますからね。必死で逃げる。

撃つほうは余裕《よゆう》がありますよ、撃つほうは。どれか、何発か当たりゃ、ええからねえ。「百発撃って、一発当たりゃいい」と思っているんで。まあ、そんなもんだからねえ。

案外、演技はほとんどないよ。〝地〟に近いけど、時代背景だけを少しそれに合わしてる。明治の初期に合わせただけだなあ。

# 4 俳優と歌舞伎《かぶき》役者の二つの顔

## 役者の「実人生」と「演技」の関係について思っていること

竹内　香川さんは、ご自身の著書で、「役者たちの実人生に重なりリンクした芝居《しばい》ほど、人の心を捉《とら》えるものはない」と、おっしゃっていまして……。

香川照之守護霊　私なんか、実人生とまったく関係ない〝あれ〟をやっていますよ。

竹内　「関係ない」と。

香川照之守護霊　うん。まったく関係ないものを。時代劇とか、みんな実人生に全然、関係ないでしょう?

竹内　そうしますと、ご自身の、ご両親とのいろいろな葛藤《かっとう》とか、そういったものを……。

香川照之守護霊　それは明かしたら、役者じゃないわけよ。

竹内「役者ではない」と。

香川照之守護霊　うん。それは、小説家だ。小説家はそれをやってもいいけどね。小説家はそれを書いてもいいよ。その親との葛藤みたいなものをたくさん書いても、小説家としては食《く》っていけますけどね。自伝的小説を書けばね。

ただ、役者は、それは駄目《だめ》だ。役者は、それは駄目なんですよ。親なんか関係ないんだ。親の姿なんか、見えちゃ駄目なんだ、役者はね。

竹内　では、ご自身では、もう親とかには関係なく、演技をしていらっしゃるとは思うのですが、何か反発心というか、ご自身の人生でつかんだものを、役者として演じるなかに込《こ》めていらっしゃるように思うのですけれども……。

香川照之守護霊　そうかねえ。いやあ、私は、まあ、素直《すなお》なよい子のふりをして育ってきましたから……。

竹内　（笑）

香川照之守護霊　別に、反発なんかしているつもりは全然ないし、まあ、自己実現もきちんとしてきたつもりです。

だから、「役者の世界に入った」っていうことが事故、大きな事故……、交通事故に遭《あ》ったようなものなんで。何か役でもやっているうちに、ディレクターか何かにでも引き抜《ぬ》いてくれたら、それらしい仕事もできるしねえ。まあ、脚本《きゃくほん》なんかを書いたって構わないし、もう少しインテリ風の仕事でもいいんだけどねえ。

## 「役者の世界には若いうちから入ったほうがいい」

香川照之守護霊　まあ、「役者」っていう意味では、あんたねえ、もっと、何て言うか、そんな余計な勉強をしないでね、配役づくりを早いうちからやって、練習した人のほうが、やっぱり素質はいいですよ。

だから、筋《すじ》としては、スポーツ選手や音楽家と一緒《いっしょ》で、早くプロになったほうが勝ちだね。長い間、勉強しすぎた人は、やっぱり俳優としては素質は落ちる。プロ野球でも一緒でしょう？　プロ野球でも、相撲《すもう》でも、みんな一緒でしょう？

竹内　はい。

香川照之守護霊　だから、日大《にちだい》の相撲部を出て横綱《よこづな》になるのは、そんな簡単じゃないわな。やっぱり、それは、中学を卒業して、もう相撲部屋に入ったほうがエリートだね、はっきり言えばね。

野球だって、そうでしょ？　甲子園《こうしえん》で優勝したあたりをピークにして（プロに）入らないと、早稲田《わせだ》（大学）の野球部なんかで投げてた分には、やっぱり、プロになったら値打ちは落ちるわな、たぶんね。

だから、やっぱり、そういう動物感覚が少しあるし、体力も要《い》る仕事だから、丁稚《でっち》奉公《ぼうこう》と一緒で、わりに若いうちに身に染《し》み込まないと、そう簡単にできない部分はあるわなあ。

小田　特に、「歌舞伎《かぶき》」というのは、やはり、「小さいころから鍛《きた》え上げられて、もう親から本当に何もかも教わって」ということが普通《ふつう》なのですけれども……。

香川照之守護霊　まあ、そうだね。〝お寺の小坊《こぼう》さん〟と一緒だね、それはね。

小田　ええ。

## 歌舞伎《かぶき》役者・市川中車《いちかわちゅうしゃ》は「東大卒の役者」の言い訳？

小田　ただ、香川さんの場合は、四十六歳《さい》で「市川中車《いちかわちゅうしゃ》」という名前を名乗って……。

香川照之守護霊　うーん、〝狂《くる》った〟わけよ。〝狂った〟。これを、いわゆる〝とち狂った〟っていうのかな、これ。もう、まさに〝とち狂った〟（会場笑）。ジョーカーそのものじゃないか、なあ？　もう、〝狂った〟。

小田　まあ、普通では考えられないです。

香川照之守護霊　いや、これはね、俳優で食っていけない場合のことも考えて、少し股掛《またが》けしたのよ。

小田　ええ？　いや、いや、いや。

香川照之守護霊　食ってけない可能性があるからねえ。いつ干《ほ》されるか分かんねえからさあ。

小田　いや、もう、ものすごい挑戦《ちょうせん》だなと思うのですけれども……。

香川照之守護霊　とんでもないですよ。

小田　襲名披露《しゅうめいひろう》の口上《こうじょう》などは、本当に立派でしたね。

香川照之守護霊　そうですか。あれが？

2012年、香川氏は九代目市川中車を襲名。5月には東京・浅草の浅草寺で襲名披露お練りと奉告法要を行い、歌舞伎役者としての道を歩み始めた。仲見世通りを歩く一門に、屋号である「澤瀉屋《おもだかや》！」の掛け声が頻繁にかけられたという。（〈上〉香川氏の向かって右隣が父・二代目猿翁《えんおう》。手前が息子・五代目團子《だんこ》）

小田　ええ。

声の出し方などは、普通の役者と歌舞伎《かぶき》役者では全然、違《ちが》うはずですけれども、違《い》和感《わかん》がなかったですし、そのあとのお芝居も、香川さんが、「市川中車」という歌舞伎役者として違和感なく演じられていたのに、すごく驚《おどろ》いたんですよ。

あれは、どこで習得《しゅうとく》されたのですか。

香川照之守護霊　いや、これはねえ、もう、だから、俳優業をやって、つくづくね、自分の才能のなさを痛感したわけよ。もう才能がないから、これは、「いつ〝打ち首〟になるか分からん」と。もう、この悪役を何回もやっているうちに、そのうち、もう事故死か何かで死ぬかもしれないと思ってね（笑）。

どこかで、これはもう、役が気に入らなくなったら逃《に》げる、逃げ場をつくらなきゃいかんかなあと思って、芸が下手になった場合の言い訳で、「市川中車」をやっといたほうが言い訳になるじゃない。

「歌舞伎役者もやってるもんで、ついついオーバーアクションになっちゃいまして。しゃべり方も下手になっちゃって」とか、言えるじゃないですか。ね？

竹内　（笑）

香川照之守護霊　まあ、人生はね、言い訳なんですよ。だから、ああいうねえ、「イン・ザ・ヒーロー」の彼みたいな人はね、異常なんですよ。あの唐沢寿明《からさわとしあき》みたいなの。ああいう人間はね、まあ、スーパーマンだわ。

私は、あんなねえ、もう何十メートルか知らんけど、二十メートルか十五メートルか知らんが、あんなところを飛び降りる役なんか、絶対、しませんからね。嫌《いや》だよ。生命保険を百億くれても、自分がもらえないんだったら嫌だ。そんなの、したくない（注。唐沢寿明はスタントもこなすスーツアクター出身で、映画「イン・ザ・ヒーロー」では、ノーワイヤー、ノーCGで、八・五メートルの高さから飛び降りるシーンを演じた）。

だからね、私は、もうね、人生、言い訳人生ですね。だいたいね、東京大学を卒業した人のいちばんの才能は「言い訳」なんですよ。言い訳がうまい。実に理路整然と、「できない言い訳」ができる。これが東大のね、最大の才能なんですよ。これを教えてるんだ、四年間。

小田 （笑）

香川照之守護霊 役者として言い訳がね、理路整然とできるんですよね。こういうのは使い物にならないんですよ。

だから、逃げる手段を考える。これも、やっぱり、東大卒のいいとこね。

## ドラマ「半沢直樹《はんざわなおき》」で演じた〝土下座《どげざ》〟についての本音

小田 「半沢直樹《はんざわなおき》」で有名になったシーンがあるじゃないですか。

香川照之守護霊　ああ。

小田　香川さんが演じた、大和田《おおわだ》常務が土下座《どげざ》するシーンです。あれは普通……。

香川照之守護霊　やりたくなかったよ！　あんなもん、別に。

小田　いや、現代劇では、あの演技はなかなか……。

香川照之守護霊　やりたくないよ！　絶対やりたくない、あんなの！

小田　ええ（笑）。

香川照之守護霊　「金積め」って言いたかったね、これをわしにやらすんやったら。ちょっと別の部屋で〝現生《げんなま》〟をガーンとくれたら、「ああ、そうですか。土下座したら五百万くれるんですね。分かりました。それならやりますわ」って、まあ、やりますけど。

ただ、私がやりたいのは頭取《とうどり》のほうであってね、あんなものはやりたくはないですよ。頭取のほうが、ずっといいですよ。（ふんぞり返ったポーズで）「はあー、はあー」ってしてりゃいいんでしょう？（会場笑）　頭取がいいですよ、絶対に。やらしてよ、頭取を。

小田　（笑）いやあ、あのときは堺雅人《さかいまさと》さんとセッションしている感じがあって、二人は丁々発止《ちょうちょうはっし》で楽しみながらやっているような感じがしたのですが、そうではないですか？

香川照之守護霊　いや、だからねえ、あれは実際は〝歌舞伎〟なんだよ。

小田　そうですね。

香川照之守護霊　実際は歌舞伎であって、実人生でねえ、銀行で、次長ぐらいの立場が、役員会で常務に対して土下座なんかさせるなんて、そんなものありえるわけがないので。もう「フィクションの世界」っていうか、完全に歌舞伎ですよね。「勧善懲《かんぜんちょう》悪《あく》の歌舞伎の世界」を大げさに演じてみせてるわけで。

まあ、あのへんから、ほんと、「歌舞伎俳優も悪くないかな」と思ったねえ。やっぱり、あんなのねえ、みんなアホらしゅうて演技できませんよ。こんな非現実なことあるわけないじゃないですか、世の中にね。できるわけないじゃないですか、あんなもん。頭取やみんなが見てる前で、重役なんか土下座させたらねえ、そんなのクビに決まってるじゃないですか、サラリーマンだったら。そんなもん、絶対クビですよ。だから、あんなのありえない。みんなが、「ありえない」と思うなか、あえて、「ありえない役」をやらされてるわけですから。

歌舞伎なんかだったら、そんな「ありえない役」がありえますからね。大げさにやりますから。ものすごく大げさにやるので。

そういうところがウケて、まあ、「あえてやった」というだけのことですけどねえ（舌打ち）。

「Mだから、いじめられても様《さま》になる」

小田　ただ、リハーサルをしている間に、香川さんの土下座する時間が、どんどん延《の》びていったというのです。堺雅人さんが、「もう、最後は血管が切れそうになった」とおっしゃっていたわけですけど……。

香川照之守護霊　私は、あんたが監督《かんとく》でなくて、ほんと助かるわ。

小田　（笑）

香川照之守護霊　あんたやったら、もう百回ぐらいやらすのと違うか、土下座を。

小田　いえ、いえ（苦笑）。

香川照之守護霊　なんかねえ、百回ぐらいやり直しやらせてさあ、最後は床《ゆか》に（額《ひたい》に指で横線を引きながら）額をこすりつけて、「もっと、もっと」って言いそう。なんか、「線が入《い》るまでやれ」とか言いそうな気がする（会場笑）。

小田　いや、「現場はすごい緊張感《きんちょうかん》と楽しさがあったのだろうなあ」と思って見ていたんですけど。

香川照之守護霊　あなたは「サド」でしょう？　サディスティックだ。

小田　いやいや（苦笑）（会場笑）。

香川照之守護霊　すごくサディスティックだ。「S」って書いてあるもん。額《ひたい》に「S」って書いてある。

私は、「M」なんですよ。Mだから、いじめられると本気になっていじめられ始めるから。もう最後は、あそこで裸《はだか》にされて、ロープを巻かれて吊《つる》し上げられて、みんなにしばかれても、ちゃんと様《さま》になると思いますよ。

「時代劇でしょうが、そんなことがあるのは」って、普通は思うかもしれないけど。「銀行のなかで、こんなのあっていいんですか」っていうのでも、やっちゃうかもしれませんねえ、Mですから。

小田　（笑）

香川照之守護霊　ええ。あんたみたいなSの監督にかかったら、やっちゃうね。

## 「M」が「ドS」に変わる瞬間《しゅんかん》

小田　香川さんの自伝のなかにも、「俳優がつらい思いをするほど、スタッフは喜んでくれる」と書いてあったので、若干《じゃっかん》Mの気《け》はあるのかなと思っていたのですけど（笑）。

香川照之守護霊　若干じゃなくて、Mそのものですよ。

小田　そうですか。

香川照之守護霊　まあ、Mそのものですけど、役柄《やくがら》としてはSの役も回ってくるわね。正義の主人公をいじめる役みたいなのが、なんかよく回ってくるからね。

（質問者の竹内を指して）あんたなんか、直江兼続《なおえかねつぐ》みたいな役しかできないじゃない、その感じじゃ。

竹内　（笑）そうですか。

香川照之守護霊　でしょ？　だいたいそんな感じ。

何ですか、「愛」みたいな、こんなねえ（額の前で文

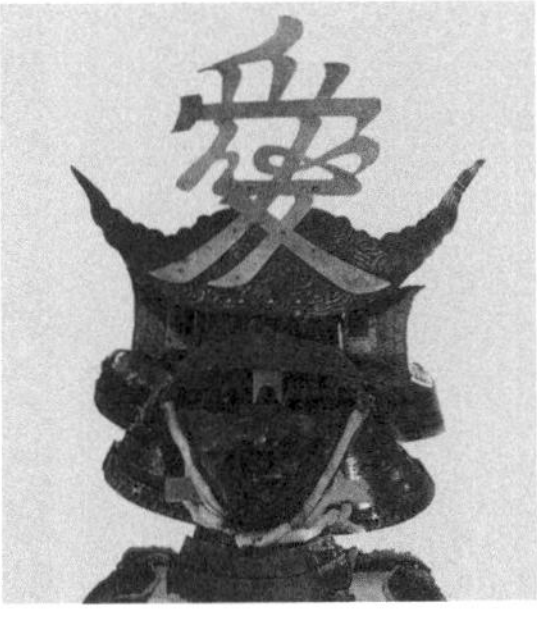

戦国時代の武将で上杉家家老を務めた直江兼続が用いたとされる兜（〈左〉上杉神社所蔵）。前立として愛の字があしらわれている。

字を描く)。こんなの兜《かぶと》につけて出てくる感じ。かっこよすぎて腹立つわね。やっぱりそういうの見たらね。でしょ?

竹内　ああ、おしゃれですね。

香川照之守護霊　そういうの見たら、本当に槍《やり》か何かで突《つ》いてやりたくなる。ブスッとね。

竹内　やはり、悪役のときはそういう心の……(笑)。

香川照之守護霊　気持ちはあるよ。

竹内　そういう気持ちはあるわけですか。

香川照之守護霊　やっぱり、「チッ。こいつ、ええかっこしよって!　もう、ほんとにブスッと刺《さ》したろうか」という気持ちが出てくる。〝悪魔《あくま》の本性《ほんしょう》〟が出てくる、グワーッとね。だから、日頃《ひごろ》Mをやらされている気持ちが爆発《ばくはつ》してくるわけよ。Sに変わるわけ、ダーン！と。ドSに変わる。MがSに変わるとき、悪が発生したように世間の人には見えるんだ。

## 〝蜜《みつ》〟をつくるために心掛《こころが》けていること

竹内　普段《ふだん》は「溜《た》める」んですか。

香川照之守護霊　もう、Mですよ。ドMですよ、ただの。ほんっとに。もう、〝自己卑下《ひげ》〟の人生ですよ。

竹内　どうやったら溜まっていくのですか。

香川照之守護霊　ええ？　溜め方？

竹内　どうやったらそれを、ハチが蜜《みつ》をつくるように練り上げていけるのですか。

香川照之守護霊　「世間様から、責めるような目で見られてる」っていう視線を感じることですよね。まあ、オウム真理教の逃走《とうそう》犯人と一緒にしたらいけないかもしんないけど、あんな心境で日々生きてるとMになれますよ、ほんとに。隠《かく》れて生きてる感じ。

まあ、役者には多いんですけどね、わりあいね。みんな眼鏡《めがね》かけたり、帽子《ぼうし》を被《かぶ》ったり、マスクかけたり、いろいろ変装してやってるけど、あれは有名すぎるので、見られたくなくてやってるんで。

ただ、私なんかは、「悪人とか犯人だと思って、捕《つか》まるといけないからやってる」みたいな感じですね。だから、今のフランスのテロリスト（二〇一五年一月七日に起きた「フランス紙襲撃テロ事件」の犯人）みたいなのを私に演じろといったら、実にうまいかもしれないねえ。やっちゃうかもしれない。〝地《じ》〟で行けるかもしらん、ほんとにねえ。うん、行っちゃうかも。

# 5　名俳優の「演技論」に迫《せま》る

## スターを養成する側が、先頭に立って「見せなければいけない」

竹内　話のテーマは変わるのですが、幸福の科学にも「スター養成部」という、子供たちをスターに育てていく部署があります。

香川照之守護霊　（感心したように）ほおお。

竹内　もし、香川さんがスター養成部のようなところで教えるとしたら、何をされますか。先ほど、「子供のころから型をつくることの大事さ」を語っておられましたが、何をまず……。

香川照之守護霊　いやあ、「こんなおじさんみたいになってはいけないよ」ということを、しっかり教え込《こ》まないと駄目《だめ》だね。「こんなおじさん」っていうのは私のことよ。

竹内　（笑）はい。

香川照之守護霊　「香川のおじさんみたいになったら駄目だよ。人生、もう終わりだよ」ってね。「やっぱり、清く、正しく、清潔に生きていこうね」って（会場笑）。

愛染　私はスター養成スクールを担当させていただいております。少し勉強不足なので、なかなか分からない……。

香川照之守護霊　そうなんですよ。（愛染を指しながら）やっぱりねえ、〝露出《ろしゅつ》〟が足りないよね、見ててね。だから、勉強不足だと思いますよ。

**愛染**　いや、これでも十分やっておりますので……。

**香川照之守護霊**　私に会いたかったら、（自分の胸や腕《うで》を指しながら）このへんをもっと開《あ》けて開けて、こう見せなきゃ、スタイルを。

**愛染**　ええ（苦笑）。

**香川照之守護霊**　そうしたら、私が「サービスしよう」っていう気になるじゃないですか。

隠《かく》そうという気配《けはい》を感じるから、それは駄目ですね。売れない、売れない。それでは売れないね。

やっぱり、教える側が先頭に立ってね、見せなきゃいけないね。「ここまで見せていいんですよ」と。「うわあ、さすがやなあ。やっぱり、リーダーは違《ちが》うなあ」と。

愛染　まあ、そうですねえ（笑）。

香川照之守護霊　「普通《ふつう》に歩いてても、大女優が演技してるように、胸がプルンプルン、プルンプルンと揺《ゆ》れていくんだなあ。うわあ、すごい色気だなあ」って、このくらいの気配で周りを導かないといけないわけね。

だから、隣《となり》のドS上司（質問者の小田）がね、「その色気を隠しなさい！」と、たとえ言ったとしても、隠してるつもりでも色気が出続けて、周りをフェロモンで巻き込んでいく。そして、ほかの女優の卵たちが、みんなそれらしくなっていく。そういうところが要《い》るんじゃないですか？

あなた、自分にもっと正直に生きなきゃいけない。

愛染　あの……、ちゃんと答えてくださったら、もうちょっと考えます（苦笑）。

香川照之守護霊　ええ？　答えなかった？

愛染　（笑）（会場笑）

香川照之守護霊　今、ちゃんと答えたじゃない、本心を！　オーディションで受かるために、「絶対に必要なこと」とは

愛染　いや、私もスクールでいろいろな生徒を見ているのですが、総じて……。

香川照之守護霊　あんた、嘘《うそ》を教えてるでしょ？

愛染　えっ？

香川照之守護霊　だから、〝偽善者《ぎぜんしゃ》〟になるように一生懸命《いっしょうけんめい》教えてるでしょ？　スクールで、〝偽善者指導〟してるでしょう。

愛染　〝偽善者指導〟ではないですが。

香川照之守護霊　いや、「そのままで、こうやりなさい」と言えばいいわけですよ。それをねえ、あなた、宗教的戒律《かいりつ》みたいなので、みんなガチガチにして。小田さんというのかな、この人ね。このドS上司が気に入るように、みんなを躾《しつ》けようとすると、オーディションを受けても、みな落ちるから。

やっぱり、オーディションっていうのは、ほかの人と「差別化」しなきゃ絶対駄目なんだから。ほかの人が絶対やらないところをチラッとやらなきゃ、受からないわけですよね。

愛染　そうですよね。

## 「家庭環境《かんきょう》」は香川照之にどう影響《えいきょう》したのか

愛染　少し話が前に戻《もど》るのですが……。

香川照之守護霊　逃《に》げたように見える？　意外に頭いいな、この人（会場笑）。

愛染　やはり、当会のスクール生でも、いろいろな家庭の子がいるんですよ。恵《めぐ》まれた家庭の子もいるし、問題を持った家庭の子もいますけれども、演技を見ていると環《かん》境《きょう》がそれなりに味になって出てきているわけです。そのように感じています。

香川照之守護霊　ふうーん。そりゃあ、やりやすいでしょうね、自分が経験したようなことはねえ。

愛染　ところで、香川さんは有名人をご両親に持たれましたよね。有名な方をご両親に持って生きてこられ、俳優になられましたが、その環境というのが、ご自身にとってプラスになったのでしょうか。それとも、マイナスの部分があったのでしょうか。そのあたりのことをお訊《き》きしたいと思います。

香川照之守護霊　もっちろん、「マイナス」です。

愛染　マイナスですか？

香川照之守護霊　もっちろん、マイナスです。親の世代と自分の世代とではワン世代違いますから、親の時代のそういう役柄《やくがら》を見てファンになった人が、息子《むすこ》の代の（演技）をどう見るかっていったら、当然、「上から目線」で見ますわねえ。「上から目線」で見るから、ほめてくれることはまずない。

ところが、自分の世代や自分よりも若い世代から見れば、親の代の演技なんか知りゃあしないから、「なんか、有名な人の子供らしいで」っていうようなことになって、

「そのわりには大した演技じゃないね」と、こう見るから。どっちから見たって、〝大したことない〟ことになるわけで、全然いいことないですよ。やっぱり、私は「叩《たた》き上げで自力《じりき》で偉《えら》くなった」ように言われたい気《け》がありますよねえ。

まあ、今の政界もそうだし、こういう歌舞伎《かぶき》の世界やら、演劇の世界も、親子して継《つ》ぐ面もある。そらあ、「外見的に俳優に合う」っていう場合もありますけどね。確かに、二枚目とか美人とかは、親子の遺伝子的なものも多少影響《えいきょう》するからねえ。

まあ、それはあるけど、私の場合は、そういう家庭に生まれたわりには二枚目じゃないから。やっぱり、これが悩《なや》みの種ですよねえ、もう本当に。二枚目に生まれてりゃあ、もっといい役がもらえたのにねえ。残念……。

**愛染**　いやいや、そんなことはないと思いますよ。

**香川照之守護霊**　だから、何か変わったことをやらないと、生きていけないんですよ。

## 「私は、他人《ひと》から学ぶことはない」

愛染　ただ、以前テレビ番組で観《み》たのですが、「香川さんは、●松田優作《まつだゆうさく》さんの一言《ひとこと》を、すごく突《つ》き詰《つ》めて考えておられた」と記憶《きおく》しています。その松田優作さんから何を学ばれたのかを、お伺《うかが》いしたいと思うんです。松田さんは非常に個性的な方でしたよね？

香川照之守護霊　うーん。私は、他人《ひと》から学ぶことはありません。まったくありません。観察はしてますが、学ぶことはありません。

愛染　どこを観察されているのですか。

香川照之守護霊　まあ、「いろいろな人がいる」っていうのを、水族館の魚たちを見ているような感じで、いろんな俳優が必死で生きている姿を、「観察者」として見て

●松田優作（1949〜1989）俳優。ドラマ「太陽にほえろ！」「探偵物語」や映画等、カリスマ的な演技力で名声を博したが、膀胱癌のため40歳で早世した。

●柄本明（1948〜）俳優。独特の風貌と個性的演技で知られ、「カンゾー先生」で日本アカデミー賞最優秀主演男優賞受賞。息子の柄本佑・時生も俳優で活躍中。

います。

「ああ、大変なんだなあ」とか、「柄本明《えもとあきら》さん親子あたりの役者としての違い、素質の違いを持ちながら、どうやって親子でそれぞれやっていくのかなあ」とかですねえ。まあ、そんなのを見ていくところはあるし、やっぱり、他人のを見れば感じるところはありますよ。「（柄本明さんの）子供として、何らかの差別化はしなきゃ生きていけないんだろうな。親父が渋《しぶ》い演技でいつまでも生き残ってるから、子供のほうも大変だろうなあ」とは思うけどねえ。

ただ、観察者ではあるけど、うーん……、ずばり影響は受けないなあ。そのへんは何て言うかなあ……、〝お面〟は被《かぶ》ってるのかなあ。

**愛染**　では、どうして探究されたのですか。

**香川照之守護霊**　えっ、何を？　うーん、「探究」って、まあ……、「探究創造科」って、おたくやってるんでしょ？　それは人間の本性《ほんしょう》として、探究ぐらいはするでしょょ

●**探究創造科**　「探究創造科」は、幸福の科学学園のオリジナル教科。中学校では、「偉人の生き方」「日本の文化」「世界の課題」を学ぶ。高校では、「宗教や政治、経済、科学や芸術など各分野の最前線での価値創造」を専門家から学んで、「将来自分がどのテーマで人類に貢献するか」を探究し、「新時代を創造するリーダー」となることを目指す。

うけども。

うーん……、何かなあ？　私なんかは、ほんとどっちかというと、臆病《おくびょう》で地味《じみ》な性格だからねえ。本当はモジモジしてる地味な、内気な性格なんですよ。それが違うようにやってるわけだから、努力はしてるわけですよね。

そういう意味では、ほかの人のいろんな演技を、撮影《さつえい》の現場とかいろいろなところで見てはいるし。まあ、役者っていうのは、役中だけが役ではなくて、撮影外のところも役者なんですよ、やっぱりねえ。

だから、「撮影外で、監督《かんとく》やスタッフ、ほかの役者がどんなふうになるか」っていうあたりの変化の仕方ですね。「彼らの〝地《じ》〟はどんなのか」「どんな〝地〟を持ってる人が、どんな役をやれる可能性があるのか」みたいなのを見ていくっていうか、「こういう〝地〟の人が、こんな役までできるんだ」っていう、このへんの変化形を覚えるっていうかねえ。そういうことは勉強にはなるわなあ。

まあ、「その〝方程式〟を自分に当てはめると、自分みたいな〝地〟を持ってる人間は、どこまで演じ分けられるかなあ」みたいなことは、いちおう考えますけどねえ。

## もともと「演じる世界」が「リアリティーの世界」

愛染　やはり、毎回本当に全力で役づくりをされているなあと感じております。

香川照之守護霊　いや、全力でやってるわけでなくて、もうお役御免《ごめん》になる寸前の人が、“Thanksgiving《サンクスギビング》”（感謝祭）の七面鳥《しちめんちょう》のように、首を絞《し》められる直前の状態で、いつも演技やってるんですよ。

愛染　ええ、全力でされているような感じに見えます。

香川照之守護霊　そうなんです、そうなんです！　そう、そう。だから、全力じゃなくて、全力で首を絞められる側なんですよ。うん、そんな感じ。

愛染　いえ、いえ、いえ（笑）。

香川さんは、ほかの俳優さんと、どこがいちばん、自分は違うと思っていらっしゃいますか？

香川照之守護霊　うーん、やっぱり……、何だろうかねえ。

みんなは、「フィクションの世界」と、「リアリティーの世界」とを二分化して考えるんだと思うんだよな。

だけど、自分は、フィクションの世界とリアリティーの世界の境界線が、わりに薄《うす》いんですよねえ。境界線が、ちょっと、「入り乱れてる」っていうか、行ったり来たりしているようなところがあって。まあ、どこまでが本当の自分で、どこからが役者としてやっているのか、よく分からないようなところが、やっぱり、あるんですよねえ。それが、「生まれ育ち」と言えば、そういうことなのかもしらんけど。

もともと、「演じる世界が、リアリティーの世界」と思って生きてるからね。自分が生きたリアリティーの世界は、要するに、フィクションの世界が、自分の職場だというか、まあ、親の職場だったわけだ。フィクションの世界を生きることが「リアリティー」。

だとすると、逆はどうなるのかなあ、と。「フィクションの世界のなかで、リアリティーを出すには、今度は、どういうふうにすりゃあいいのか」っていう発想は、まあ、逆になってくるところもあるわねえ。

だから、フィクションの世界でリアリティーを出そうとしたら、実際は、フィクションでもありえないようなことをやってのけると、かえってリアリティーが出てくるっていうこと。

私は、現実には絶対にありえないことをやって、それを現実のように見せるような雰囲気《ふんいき》が出せる……、かな。それを、いろいろな監督さんが使っておられるんじゃないんですかねえ。

だから、フィクションを演じている感じじゃないんですよ。「フィクションがリアリティー」で、「リアリティーがフィクション」なんですよ。

私がフィクションとして役を演じる場合は、フィクションをやってるんじゃなくて、リアリティーを演じようとする。そんな感じ。

あなたが言うように、「実人生の家庭が貧しかった子は、貧しい演技がうまい。豊かだった子は、豊かな演技がうまい」。これは、そのまんまですよね。たぶん、そのままで、リアリティーをリアリティーのままで演じてるんだと思いますけど、私は若干《じゃっ》《かん》、違うところはあるわなあ。

だから、そのへんの「非現実性をリアリティーに見せてしまうところ」が、たぶん評価されているところでしょうねえ。うん、きっとね。

## 「非現実」を「現実」に見せるには

竹内　その「非現実」を「現実」に見せるには、役者として、どういうところを磨《みが》いていけばよいのでしょうか？

香川照之守護霊　それは開き直るしかないでしょうねえ。一種の開き直り。開き直りだと思いますね。

竹内　それはどういうことですか？

香川照之守護霊　先ほど、（大川隆法総裁が）事前にレクチャーなされてたけども、私の演技は、あってはならないような演技ばっかりじゃないですか、言ってたようなことはねえ。あってはならないような演技ばっかりなので。

とにかくねえ、「あってはならないようなことを、平気でやってのける」というのは、「演じてる」というよりは、「基本動作を身につける」ということなんでしょうかねえ。スラッとやってのける、基本動作。

## 6　香川照之流「演技力」の磨《みが》き方

### 名優は「雨の日に傘《かさ》を差してバス停《てい》に立っている」だけで絵になる

香川照之守護霊　本当の俳優になったら別に演技は要《い》らなくて、雨の日に傘《かさ》を差してバス停《てい》に立っているだけでも十分に演技になっちゃうのよねえ、本物の俳優になりゃあね。普通《ふつう》の人だったら、雨の日に傘を差すのは、全然、珍《めずら》しいことでも何でもない。バス停に立ってるだけじゃ演技にならないでしょう？　だけど、名優になると、雨の日に傘を差して、バス停に立っているだけで絵になるんですよ、ちゃんと。これが、まあ、不思議なところなんだよなあ。

竹内　そこがとても知りたいところなのですが、名優というのは何が違《ちが》うのでしょうか。

香川照之守護霊　うーん……。あえて言えば、現実の世界ではなく、まあ、カメラで撮《と》られてるわけだけれども、「カメラを通した世界から見ている多くの人たちの目で、自分たちが見えている」というところは、「違い」でしょうねえ。「そちらのカメラを通して自分を見ている」っていうところはあるわね。

だから、自分の目で、自分を見て……。まあ、自分の目で、自分は見えないけどね。鏡でも見なきゃ、見えないけど。「『カメラを通して多くの人が見ている自分』を見ている」っていうところはある。そうすると、傘を差して立っているだけでも演技になるわけよ。

俳優としての才能を見たかったら、ただ、「雨の日に傘をさして、バス停でバスを待って、バスが来たら乗るところ」のシーンだけを、百人にやらせたら、ほとんど審《しん》査《さ》結果は出るよ。

竹内　うーん。

香川照之守護霊　うん。使えるかどうか。それだけだから。バスが来るまで、もう、もたない。バスが着くまでの、ほんの三十秒でも立っていることができないから。ほとんどの人は絵にならない。それで、もう、ほとんど落ちるね。うん。難しいです。「極端《きょくたん》な演技」が「浮いた演技」にならない俳優は少ない

竹内　確かに、世阿弥《ぜあみ》という人は「離見《りけん》の見《けん》」ということで、「自分を離《はな》れて見《み》る」というようなことを言っています。

香川照之守護霊　うん、そう、そう、そう。あんたがたで言うと、「守護霊《しゅごれい》」とか、「守護神」とか、「指導霊」とかの目なんだろうけど。まあ、そういう目を、持ってないといかんでしょうな。

逆に言うと、そういう目を持ってるから、さっき言った、堺雅人《さかいまさと》さんみたいな人も、あんな、「リーガルハイ」みたいな弁護士ができる。あれだって、あってはならない弁護士だよね。

竹内　そうですね。

香川照之守護霊　あってはならない弁護士で、「そこまでやるか」っていうところまでやってみせるじゃないですか。憎々《にくにく》しいところまで、やってみせるでしょう? ある意味では、今、ほんと、好敵手だと思ってはいますけど。あってはならないですよね。

　あれねえ、もう、観客っていうか、視聴《しちょう》者に見せてるだけでなくて、弁護士にも挑戦《ちょうせん》してるんだと思うんですよ。役者が弁護士の役をして、弁護士に、「どうだ、俺《おれ》みたいな弁護士、やれるかい?」って、挑戦状を突《つ》きつけてるような感じに見える

〈上〉世阿弥の代表的謡曲の一つ「井筒」（月岡耕漁画「能楽図絵二百五十番」）。

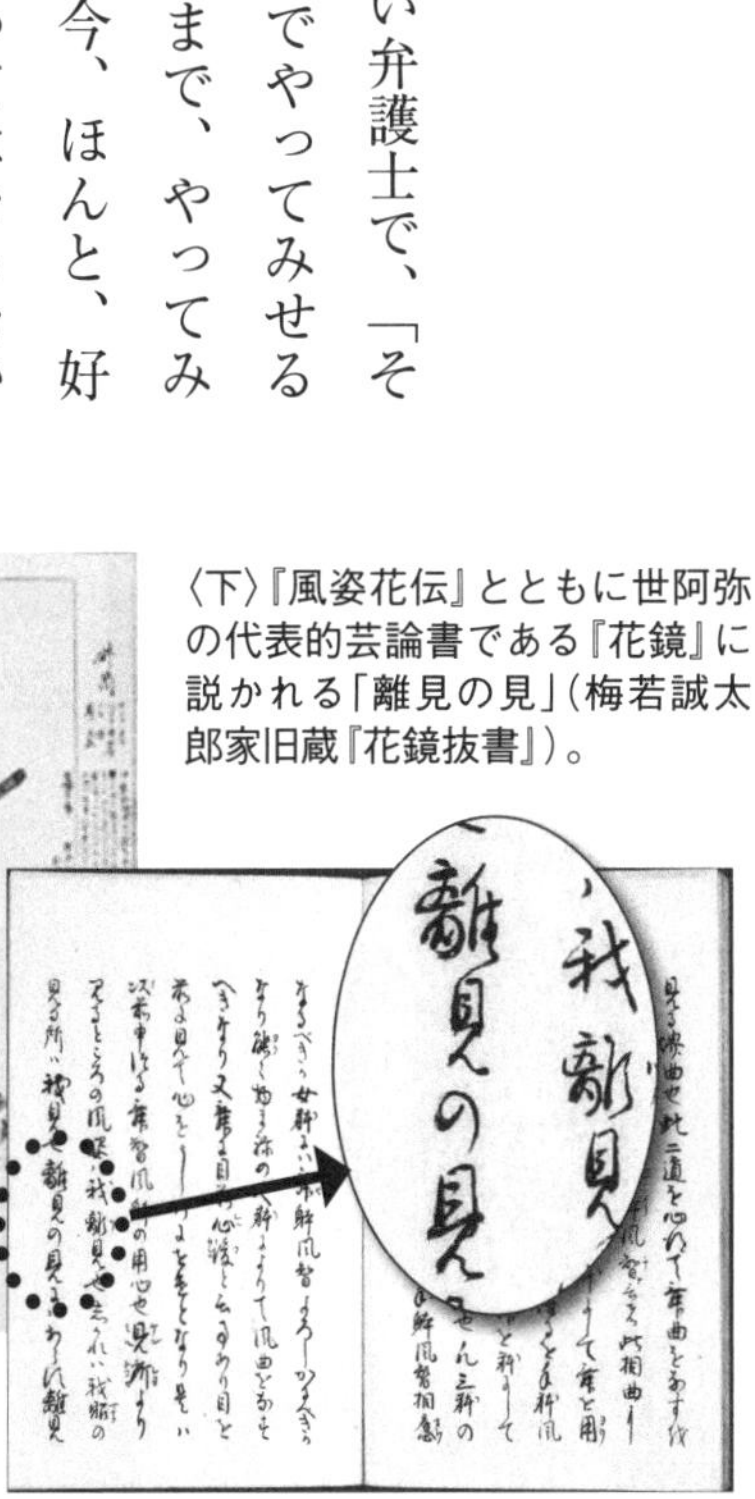


〈下〉『風姿花伝』とともに世阿弥の代表的芸論書である『花鏡』に説かれる「離見の見」（梅若誠太郎家旧蔵『花鏡抜書』）。

よね。「やれるもんならやってみろ」って。

竹内　うーん。

香川照之守護霊　「このくらいの弁護士が、おまえらにできたら、もう、何億円も収入を上げて、毎日ステーキが食える身分になるぞ。そんな弁護士になれるぞ。やれるもんならやってみろ。ほとんど、儲《もう》からん弁護士だろうが。宣伝もろくにできないで、名前も知られてない弁護士でしょ?」って（笑）。

あれが、まあ、宮本武蔵《みやもとむさし》の代わりだよなあ?　ああいう、「一度も負けたことがない弁護士」みたいな役をやる。あれも、「これでもか、これでもか」っていうぐらいの感じだよねえ。ようやるよ。ある意味では、面白《おもしろ》いなあ。

あれも、なんか、風呂《ふろ》屋の話で言やあ、「煙突男《えんとつ》」みたいで、煙突に登っているような感じがするなあ。（梯子《はしご》に登るしぐさをしながら）風呂屋の煙突に登るような、そんな役を彼はやってるね。

竹内　ええ。

香川照之守護霊　「煙突に登って、上に立って、（両手を上げて）『うおーっ！』って、やってみせろ」って言ったら、やるような、そんな感じ。

だから、サドの監督《かんとく》だって、やらせたくなる。煙突の上で、バンザイして立って、「世界で、いちばん上に自分は立ってる」って。

「おお、そうか。次は、そこ飛び込《こ》め！　その煙突からなかに入って、煤《すす》だらけになって下から出てこい。サンタクロースだ」って言ったら、本当に飛び込みそうな感じがするよね。

そういう意味で、極端《きょくたん》な演技を普通の人がやったら、完全に浮《う》きますよ。ええ。堺さんの演技もね。私の演技もそうですよ。ほかの人がやったら、完全に浮く演技だろうと思いますよ。

たぶん、緋村剣心《ひむらけんしん》をもり立てる悪役だって、下手な人がやったら、全然、剣心が引き立たないでしょうね。下手な、それらしい人がやったらね。本当に、「マシンガン撃《う》ちの名人」みたいな人がやったら、全然、引き立たないでしょうね。

竹内　はい。

香川照之守護霊　私みたいなのだから、かえって引き立つんだろうと思うけどね。このへん、どこまでの極端に耐《た》えられるか。

さっき言ったように、雨の日に傘を差して立ってるだけの、まったく演技性がないシーンの時間に耐えられることも俳優の条件だし、ありえないフィクションの世界でも、「みんなは、こんな演技では信じてくれないだろうな」と思う演技をあえてやってのける。

要するに、歌舞伎《かぶき》の世界だったらあるような演技を、平気で、実写の世界でやってのけるだけの極端性に耐えられるか。そういう「どこまでの極端に耐えられるか」っていうところも、やっぱり、一つの希少性《きしょうせい》で、役者としての数の少なさを出すチャンスだなあ。

オーディションなら、「変わったことを平気でやってのける」

香川照之守護霊　今日、（背広を）見てみたら、大川隆法さんとしても、えらいおしゃれな感じで。これが彼の感じた香川照之のイメージなのかもしらんけど。（背広をめくって、青地のペイズリー柄《がら》を見せながら）パッと見ると、裏側が、こんなにおしゃれ。こんなのやってるでしょ？

普通、こんな服、着るか？　役者なら、「そういう役をやれ」と言われたら、このぐらいは着ててもいいけど。これ、見えないところで、おしゃれしてるでしょ？　普通は、閉じてるよね？　（背広のボタンを閉じて）これが、普通のフォーマルな着方で、これで社長役だろうと重役だろうと、やることはできる。

でも、例えば、私がオーディションを受けるとすると、途中《とちゅう》で、「今日は暑いですね」と言って、ピラッとぐらい見せるかもしらん。

また、「時計っていうのも、誰《だれ》がしても、一緒《いっしょ》ですね。全然、面白いことありませんね」って言うけど、（大川隆法がつけていた腕《うで》時計を触《さわ》って、チーンチーンという音を鳴らす）はい、これは音を聞いて、何時何分かが分かる、〝音時計〟（リピーター時計）ですね。この時計は、「映画館のなかで時間が分かる」っていうんだけど、こんな音たてたら、怒《おこ》られますよ。だから、実際は役に立たない時計ですけども。ただ、オーディションみたいなところで人と差別化しようとしたらさあ。

竹内　はい。

香川照之守護霊　本当は、こんなもの、トンネルのなかぐらいでしか役に立たない時計ですよ。トンネルのなかで時間を知りたかったら、やったらいいけど、そんなもん、わざとしようとする人はいないよね。そんな長いトンネルないもんね。〝蛍光《けいこう》時計〟だったら、見れば分かるよね。

映画館で、「これで、今、何時何分か知りたい」といって、（時計をチーンチーンと鳴らし、質問者の愛染に向かって）これ、やれますか？　あなた。隣《となり》と前に客がいて。

愛染　いえ、恥《は》ずかしいです（笑）。

香川照之守護霊　恥ずかしいでしょ？　これ、大きな音と小さな音があって、何時と、何分が違うんですよ。それで、分かるようになってる。こういう時計してるでしょ？　残念ながら、これは映像では映らない。

だけど、もし、私がオーディションを受けるんだったら、退屈《たいくつ》しているようなときとか、待っているようなときとかにそういうことを平気でやってみせますね。そして、「こいつ、なんか変わったこと、平気でやるかもしらんなあ」っていうような期待感を抱《いだ》かせることはしますね。

竹内　はい。

香川照之守護霊　だから、ノーマルだけでは駄目《だめ》なんですよ。ノーマルなのもやれるけど、極端な変わったことも平気でやってのけるところも、できなきゃいけない。

## いろいろな役柄《やくがら》を引き受けるための演技の幅《はば》の広げ方

香川照之守護霊　演技の練習をするんだったら、まったく変化のないような状況《じょうきょう》で、もつかどうかっていう。例えば、それは、にらめっこでもいいんですよ。向かい合って、「笑わないで、目を見つめ合え」ってところで、どのくらいもつか。どっちかが先に必ず負けますからね。そういうのでもいいし。「この場で、何かありえないことをやってみなさい」というような演技でもいい。

どちらも、それを、どれほど胆力《たんりょく》を持って、サラッとやってのけられるかっていうことだねえ。

だから、おたく様なんかは宗教だろうから、いろいろと価値判断が入ってるから、先ほど言った、「殺し屋の役をやれ」と言っても、「いや、人を殺すことはいけないことですから、できません」とか、すぐに、言ってくるんじゃないですか？

愛染　そうですね。

香川照之守護霊　だけど、そういうふうに考えて、言ってたらいけないんで。やっぱり、「軍神」っていう神様は、人を殺すことだってあるわけで、信長《のぶなが》も、秀《ひで》吉《よし》も、家康《いえやす》も、「人、一人も殺すな」と言われたら、それは演技のしようがありませんからねえ。

まあ、殺される役もありますから。「殺す役も出るけど、殺される役もやれば、中和されるから、まあ、いいんだ。殺すときは、ちゃんと殺す役をやれよ」と。

そういう、「やっちゃいけないことをやってる」みたいな演技もあるね。「教会の牧《ぼく》師《し》さんが人殺しをする」とかいうときには、禁断の〝あれ〟をやるっていう演技もあるとは思うけどね。

やはり、戒律《かいりつ》とは別に、やるときにはやってのけること。基本的に、頼《たの》める幅《はば》がないと、いろいろな役柄を引き受ける能力はないね。

だから、そういう極端性？　自分の実生活から見て、極端に離れたものでも、「やれ」

と言われたら、やれることは大事だね。

## 名優でも外見や身体能力に応じた役柄《やくがら》の見切りが必要

香川照之守護霊　ただ、限界はあるよ。やっぱり、限界はあるから、「バットマンのふりをしろ」といっても、バットマンの役ができるかできないかは、身体能力がかなりあるわね。身体能力的に、バットマンの役に耐《た》えられない人は、九十何パーセントいるでしょう。そうとうのスポーツ的な身体能力は、必ず要《い》る。

「るろうに剣心」だって、あれは、佐藤健《さとうたける》くんの運動神経に賭けて、監督がつくれたようなもんだから。彼が手に入らなかったら、たぶん、つくれなかっただろうと思うんだよな。ほかの人では、残念ながらできない。

だから、同じ「名優」といわれても、まあ、ここは人の名前出しちゃあ、悪いかもしらんけども、木村拓哉《きむらたくや》に「緋村剣心、やれ」と言ったって、やっぱり、「木村拓哉になる」と思うのよ、たぶんねえ。動いてくれないと思うんだよ、どれだけ注文しても。「もっと、もっともっと速く、弾《たま》よりも速く動くんだ」って言ったって、「そんな無《む》茶《ちゃ》、言うんじゃないですよ。できませんよ」って、のらりくらりと弾をかわす。マシンガンを撃ちまくっているのに、キムタクだったら、階段をひょいひょい、ひょいひょいと上がって、「あら？　なんか、当たりませんねえ、私には」みたいな感じの役で済まさせるように、監督を捻《ね》じ伏《ふ》せるでしょうね。彼ならね。ただ、原作に忠実なかたちという意味での「るろうに剣心」はつくれないでしょうね。たぶん、〝キムタク流「るろうに剣心」〟はできるけど、ああいうものはできない。

まあ、そういうわけで、身体能力みたいなものでも、限界があるものに関しては、やっぱり、できる人とできない人はいる。このへんの見切りは、多少、要ると思う。

それから、二枚目で、「恋愛《れんあい》もの」とかにずっと出やすいタイプの人は、外見に、かなりかかってるものがあるし。まあ、外見を維持《いじ》するにはそれなりの努力も要りますけども。

## 個性の特徴《とくちょう》をつかむ「性格俳優」になるには

香川照之守護霊　やっぱり、そうした二枚目の恋愛役でずっとやれるようなタイプでない人の場合は、どこかで「性格俳優」としての側面を持たなきゃいけないので。

やっぱり、人間の違いを……、何て言うか、うーん、水族館の生き物には、魚だけでなく、タコやイカやハマグリやエビや、ほかのいろいろな生き物がいっぱいいるよね。例えば、沖縄《おきなわ》の「美《ちゅ》ら海《うみ》水族館」を役者の卵に見学させる。それが終わったら訊《き》くわけです。「はい、これから質問です。水族館のなかにどんな生き物がいましたか。自分が水族館のなかで見た魚や、あるいは、水中の生物の名前を、できるだけ書き出してください。その生き物は、どんな特徴《とくちょう》を持っていますか？　どんな動き方、泳ぎ方をしていましたか？　また、どんな穴を掘《ほ》って、潜《もぐ》りますか？　書いてください」って言われて、書けるかどうかですね。

最初にそれを言わずに、みんなで水族館を見学したあと、「さあ、再現してみましょう。どんな動きでしたか？　あなたは人間ですけども、じゃあ、その熱帯魚の、何とかフィッシュを、今、そこで演じてみてください」って言ったときに、「はあ。どんな動き方、してたかなあ」と。

まあ、亀《かめ》の動きぐらいなら、ちょっと想像はつくかもしらんけど、「エイはどうで

〈左〉沖縄美ら海水族館
（沖縄県国頭郡本部町）

すか？　あなた、エイはできますか？」「マンボウの役をやってみてください。今、マンボウの泳ぎ方をそこでやってみてください」とね。

それは、〝ギャグネタ〟みたいに見えるかもしれないけれども、舞台の上でこういうことを私たちはやらされるわけですから。

もちろん、それぞれの魚の特徴をつかんでも、人間がやるわけだから、絶対に魚にはなれないけど、その魚の特徴を、動きのなかで一部でも表すこと。「マンボウに見える」とか、「これはエイに見える！」「うん、確かにこれはサメに見える」と。もし、そういうところを描けたら、それは才能があるわな。

つまり、実社会で生きていれば、通勤していて

も通学していても、いろいろなものを見てるはずですけど、そのなかで、ただ、見てる景色が情報として素通《すどお》りしているだけではなくて、「自分がそういう役をするときに、どうなるか」っていうようなことが処理されてることになるわねえ。

まあ、水族館のたとえを言ったけど、そういうふうに、あるものの特徴をつかみ取って、「こういうふうに表現したら、それらしく見えるな」っていう感じかなあ。これは、要《い》るんじゃないかな。

要するに、いろいろな魚や、水中生物を演じ分けることができれば、いわゆる「性格俳優」ができるようにはなると思うね。

例えば、「二枚目俳優」っていうのは、「マグロの役しかできん」とか、ま、そんな感じですよ。

竹内　貴重なアドバイスを、ありがとうございます。

香川照之守護霊　いえいえ。

## 7　演技に深みを出すための「俳優の心掛《こころが》け」

### ＨＳＵに開設される「芸能・クリエーター部門専攻《せんこう》コース」へのアドバイス

小田　来年、二〇一六年の四月に、ハッピー・サイエンス・ユニバーシティ（ＨＳＵ）の未来創造学部のなかに、「芸能・クリエーター部門専攻《せんこう》コース」というコースが開設されます。

香川照之守護霊　ふーん。

小田　そういった学校ができた場合、「こんな授業だったら、いちばん有効で役に立つ」というのはありますか。香川さんが授業をするとしたら、どういうことをされますか。

香川照之守護霊　私だって、映画学校みたいなところでやらされたことはあるからねえ。「専門学校に行って、教えろ」って言われて、やらされたことは、私もあるので、あれですけども。えらい、くたびれるんだけどねえ。

やっぱり、教えるのは難しいよ。演技論は、簡単ではないよ。そんなに簡単ではないし、才能の差があるからね。だから、それは難しいけど。

うーん、いちばんは、あれじゃないかねえ。先ほど、「実生活が似たような人は、そういう演技ができる」と言ったけれども、実際は、役者として、いろいろな映画や、ドラマに登場する役柄《やくがら》は、全然違《ちが》うでしょう。それぞれの時代背景や、自分の仕事が、全然違うのに……。

まあ、もちろん、同じ人がやっていると見て、みんなが満足するような方もいらっしゃるけど、一部だわね？　それで、型を通せる人は一部で。

やっぱり、平凡《へいぼん》な役者を目指すスタートラインに立ったレベルの基本原則は、「役柄が、どんなものか」、それから、台詞《せりふ》、シナリオ等を勉強して、「監督《かんとく》が描いている作品観はどんなものか」を知った上で、いちおう、いろいろな人が出てくる群像のなかで、自分の役割をちゃんと果たすこと。それができなければ、まずは、使ってくれないですからね。

自分なりの自分流で、「何をやっても香川だ」っていうだけだったら、それは、やっぱり、使ってくれないでしょう。一般《いっぱん》にはね。

だから、「自己満足の世界」っていうか、自分らだけ、仲間内だけで観《み》るもの、まあ、学生が文化祭でかけるだけの映画とかだったら、自分らが面白《おもしろ》くて、「アハッ、ああ、これは面白《おもしれ》えなあ」とか言って盛り上がっとりゃあ、それでいいけど、「一般の不特定客を相手にする」っていうなら、たぶん、それでは済まない。いちおうは、監督を中心にした演技観のなかで演じ分けられないといけないわけで、それに合わないなら、やっぱり降りるべきですよね。基本的には降りるべきだ。

それで、「役が全然回ってこない」ということであれば、失業する。まあ、飢《う》え死にするか、失業するか、どっちかということになるわね。

そういう意味で、役が回ってこないで、アルバイト生活、タケノコ生活等をしている、あるいは、親のすねかじり生活をしてる間に、人生勉強をして、役どころが深くなる方もいるだろうとは思うけれども、基本は、やっぱり、先ほど言った水族館のたとえどおり、人間の多種類の職業についての関心、役割の違いについての関心を持つことだと思うんだよね。これができないといけない。

## 幅広《はばひろ》い役柄《やくがら》を演じ分けられる役者になるためには

香川照之守護霊　「龍馬伝《りょうまでん》」に出て、「るろうに剣心《けんしん》」でも緋村《ひむら》剣心のお師匠《ししょう》役で出た福山雅治《ふくやままさはる》か。あれも歌手なのにねえ。歌手のくせに……。いや、「歌手のくせに」って言ったら、（自分も）「歌舞伎《かぶき》役者のくせに」って言い返されるから〝あれ〟だけど、歌手のくせにさあ、けっこう、やるところはやるじゃないかなあ。ああいう龍馬の役をやるかと思えば、「ガリレオ」では天才物理学者の役をやってる。普通《ふつう》はできるもんじゃないよねえ。

こんな言葉は言いたかないけど、うーん、差別用語だから伏《ふ》せ字にしてくれても結構だけども、「たかが歌手風情《ふぜい》が、湯川秀樹《ゆかわひでき》のまねなんかするんじゃないよ。ガリレオのまねなんかするんじゃない」と、やっぱり言いたくはなりますよね。本当は、いちばんやりにくい役ですよ。

サザンオールスターズのあいつに、「湯川秀樹の役をやれ」って言ったって、できるわけないじゃない。絶対できないよ。絶対できないでしょう？　だけど、彼はやるでしょう？

それも、「ガリレオ」で数字を書くときには、あの怪《あや》しげな数式を暗記して、ものすごい速度で、宙《ちゅう》で書くでしょう？　やっぱり、あれは一種の才能っていうか、まあ、努力もあるんだろうけど、「やれ」って言われてもできないよな。

「数学者なら書けるか」って言ったら、数学者こそ、むしろ書けない可能性があるよ。あんな速度で「書け」って言われたって、「書けません」って言うかもしれないよね。（福山雅治は）あれをやってのけるだろう。

あと、俳優は、英語とかもしゃべる。英語とか、それ以外の言語もしゃべらなきゃいかんこともあるけどさあ、俺《おれ》みたいな、暁星《ぎょうせい》だの東大だのを出てりゃ、英語やフランス語をやれって言われたって、ちょっと台本を勉強すらあ、しゃべれるさ。そら、しゃべれるけども、たいていの俳優さんは、高校も普通に通えてないような人が多いから、勉強してないよね。してないけど、台詞《せりふ》として英語の台詞をもらったら、そこだけ、もう、〝オウム〟だよ。パロットのまねだよな。オウムみたいに、もう、口移しで習って、耳で覚えた台詞を言い返す。それで、流暢《りゅうちょう》な英語をやってるように見せる技術があるから。実際に自分の能力がなくても、それ以外の台詞は要求されてないからな。

「ハリウッド俳優」っていったって、「英語をしゃべっているから、（英語が）うまいんだろうなあ」と思って英会話を仕掛《しか》けたら、全然答えられない日本人なんて……、まあ、名前は挙げないよ。挙げないけど、たぶん、エッヘッヘッヘッヘ（笑）、何人かはいるはずだよ。ただ、「その台詞をもらったら、そこだけ覚えて、ハリウッド俳優風にしゃべれる」というのはあるわねえ。

だから、このへん……、何て言うのかなあ、「自分は、そういう正式な勉強をしていないからできません」っていうのでは済ませられない世界ではあるわけなんだよね。物理学者の役もできれば、外国人の役もできなきゃいけないし、暗殺者の役もできれば、暗殺される役もしなきゃいけない。時の権力者の役もすれば、人殺しの役や盗人《ぬすっと》の役もやらなきゃいけない。商人の役もできなきゃいけない。

そういう意味では、やっぱり、人間学、人生学の「幅《はば》の広さ」と「深み」は要《い》るだろうね。どの程度まで、それを見分けているか、感じ分けているかっていう違いだ。

## 相手の実力を見抜《みぬ》き、「監督《かんとく》の目」でもって物語を成立させる

香川照之守護霊　あとは、チームを組んでやりますから。相手役がいたり、脇役《わきやく》の方とか、いろんな方と一緒《いっしょ》にやったりしますから……、まあ、これは非常に言いにくいことだけども、「相手の実力」を見抜《みぬ》かなきゃいけないわけよ。

この人にできる演技の幅……、これは非常に失礼な言い方なんです。同業者としては言ってはならない、タブーに当たることではあるんで、「相手の実力を、どの程度に見ているか」っていうことは、お互《たが》いに決して言ってはいけない。打ち上げで焼肉パーティーをやっても、ビールを飲みながらでも、そういうことをしゃべったら、次は、もう決して共演してくれない世界なので、絶対に言ってはいけないことなんだけ

ども、「こいつの能力は、このあたりだ」っていうの？　「このあたりまでの演技はできるけど、ここから先になったら、たぶんできないから、こちらが、こういう演技をやったとき、合わせられない」っていう感じかな。

まあ、剣で言やあ、「剣を合わせるときに、同じぐらいに合わせられるかどうか」っていうのも、熟練度に差があれば、ちょっとできないことがあるでしょ？　それと同じようなもので、やっぱり、演技でも、「相手がどの程度まで幅を持っているか」っていうのを見て、それに合わせられるかどうかだね。

だから、まあ、やりたくない相手もいるけれども、監督《かんとく》が、どうしても、それと組めと言うなら、合わさなきゃいけないので、「どういうふうに自分を演出したら、相手はそれを受けて立ち、物語として成り立つか」っていうことだねえ。

まあ、このへんは、力量《りきりょう》比べみたいなところがあるんで、うーん……。剣道で言やあ、竹刀《しない》を合わせただけで、だいたい相手の腕《うで》がどの程度か見極《みきわ》めてやるとか、隙《すき》がどこにあるか、どこに打ち込《こ》めるか、あそこに打ち込んだら、どこを打ち返してくるか、どっちが体が開いて逃《に》げるかとか、いろいろ「読む」じゃないですか。

あんなような感じで、演技をやったときに、「相手がどうリアクションしてくるか」っていうことまで読んでやらないといかんから、その意味で、たいへん失礼には当たるけれども、役者であっても、「監督の目」も持ってなきゃいけないとは思うのよね。「監督の目」として、「この役者同士を、こうやって合わせたときに、どういうふうにやるか」を見る。それぞれがよくても駄目《だめ》なんですよ。「それぞれはよくても、合成したら物語として成り立っていない」っていうんじゃあ、結局は駄目なんです。

だから、そういう「監督の目」みたいなものをつくっていかないといけないですね。

つまり、「複眼」ですね。複眼的に、全体を鳥瞰《ちょうかん》しているというか、俯瞰《ふかん》しているというか、まあ、何と言ったらいいか分からないけど、全体の統一感覚を持ってる。

もちろん、自分の演技は一生懸命《いっしょうけんめい》にやってるんだけども、その自分の演技が、自分一人だけ冴《さ》えすぎてもいけないんです。

まあ、確かに、宮本武蔵《みやもとむさし》みたいに、「斬《き》って、斬って、斬りまくって、相手より強ければいい」っていうなら構わないけども、相手もそこそこの剣豪《けんごう》なら、やっぱり難しそうにやって、「何とかギリギリ、間一髪《かんいっぱつ》のところで勝った」みたいなところを見せなきゃ、演技としては全然面白くないでしょ？　だから、そのへんの相手の腕を読み込んだ上で、合わさなきゃいけない。

やっぱり、このへんの〝合わせ技〟がかなり難しいところで、自分としての主観もあるけれども、「監督の目」と、それから、相手側から見ての「自分の動き」に予測をつけますから、それを見なきゃいけない。まあ、このへんだよな。

## ときには台本や監督《かんとく》さえ捻《ね》じ曲げてしまうほどの名優もいる

香川照之守護霊　ただ、名優っていう人になると、本当に、監督《かんとく》も黙《だま》らせてしまうようなところもあるんです。「もともと予定していたものよりも、こっちのほうがいい」っていう……。

例えば、「八甲田山《はっこうださん》」（一九七七年公開映画）で言やあさ、あれに出てた高倉健《たかくらけん》。おたくでも、この前、本を出してたけど（注。死後十七日目の二〇一四年十一月二十七日、高倉健の霊言《れいげん》を行った。『高倉健　男のケジメ』〔幸福の科学出版刊〕参照）。同僚《どうりょう》が凍《こご》え死んで棺桶《かんおけ》に入ってるのを見て、高倉健がしゃべるシーンで、（感極《かんきわ》まって泣いて）

台詞《せりふ》が出なくて、ただ黙ってジーッと立って見てるだけで、それでオッケーが出たとか、やっぱり、ああいう衝撃《しょうげき》の撮影《さつえい》もあるわけですよ。

　高倉健が言葉数が少ないのは有名だけど、「台詞をしゃべらないで終わりにする」「立って見てるだけで終わりにする」っていうことで絵になるなら、やっぱり、それはすごいと思うよ。

竹内　そうですね。

香川照之守護霊　ええ。全身で演技をしてるわけで、「同僚が死んでいるのをジーッと見ているだけで絵になる」っていうのは、さすがに大したものです。これは、古典の名画みたいなものでしょうかね。絵

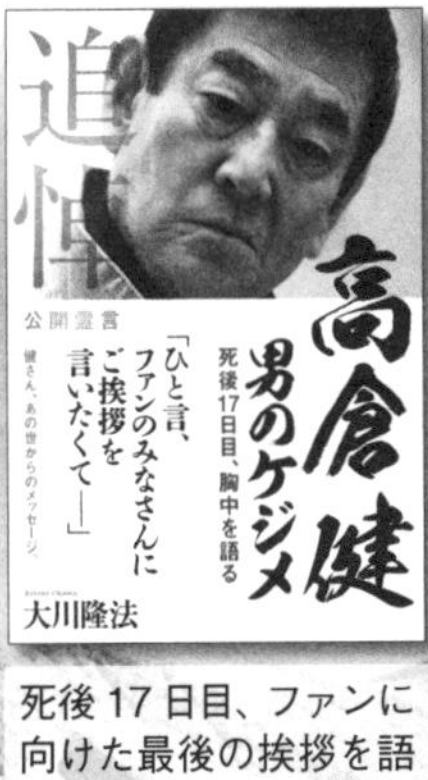


死後17日目、ファンに向けた最後の挨拶を語った霊言『高倉健　男のケジメ』（幸福の科学出版）

「八甲田山」（1977年公開／東宝／橋本プロダクション／シナノ企画／原作：新田次郎『八甲田山死の彷徨』）

冬の八甲田山

は動かないけど、それをジーッと見ていられる感じに近いわなあ。だから、それは、「様《さま》になっている」っていうことだ。

私は、境地的には、まだちょっとそこまで行かないので。激しく動かないと絵にならないから、まだそこまで行ってないんだろうとは思うけど、そういうのがあるので。

## 映像への貢献《こうけん》度が問われる役者にとって大切な「複眼性」

香川照之守護霊　強烈《きょうれつ》になってくると、逆にそこまで行って、台本も台無しになるようなところで、監督《かんとく》も捻《ね》じ曲げてしまうような人も、いることはいるから、一緒には言えないけど、一般的には、やっぱり、「自分の役柄《やくがら》を演じつつも、相手がどう応じてくるか。また、それらが釣《つ》り合い、うまく嚙《か》み合っていて、『監督の目』から見て、作品として仕上がっている」ということを見る目がないといけない。

だから、（演技が）終わったあとに、自分らの演技を巻き返して、観察して、「うーん、ここはうまくやれてるな。よしよし。いけてる」っていうようなことを見る目もあるけど、実際は、演技が終わったときに、自分がどういうふうに見えていたかが見えているぐらいでないといけないわけね。やっぱり、「客観的に、どのように見えたか、映ったか」が見えてなきゃいけないわけなんですよ。このへんが難しい。

それより先に、何て言うか、もう、〝地《じ》〟でやってしまって、「その人の演技としてはこれしかできない」っていうので、平気で全体を黙らせてしまう力がある人は、それはまた、〝超《ちょう》一流〟の世界に入った方であるから、これについては、私にはまだ述べる資格がない。

今は、歌舞伎《かぶき》俳優を股掛《またが》けして、いつでも逃げられる態勢を組んでる状況《じょうきょう》だから、そこまでは言えないけど、君たちがやるんだったら、やっぱり、いろんな役を演じ分けて、さらに、できたら、一緒に共演する人たちの演技力をお互いに採点した上で、〝技〟が合わせられるかどうかを知ること。それから、「監督の目」で見えるように努力すること。

やっぱり、このへんの「複眼性」を持たないと駄目《だめ》です。「自分だけうまくても駄目なんだ」ということですね。

竹内　はい。ありがとうございます。

香川照之守護霊　私には、主役はめったに来ないし、たいてい、脇役《わきやく》がほとんどなので。脇役なども、「全体の絵がうまくできるかどうかに貢献《こうけん》できるか」のところが見られるからね。貢献度がね。「その映像に貢献できるかどうか」を見られるので、そういう感覚は非常に必要だと思いますね。

竹内　ありがとうございます。

# 8 香川照之の霊界《れいかい》での〝仕事〟とは

## あの世では、舞台《ぶたい》経営と演技研究をする〝日本のシェークスピア〟的存在？

竹内　今日は、香川さんの守護霊《しゅごれい》様から、演技のプロとしてのお話をお伺《うかが》いできて、本当に光栄なのですが、ご自身は、普段《ふだん》、どういった方々とお話をされているのでしょうか。

香川照之守護霊　うーん。演技の世界だから、やっぱり、ありとあらゆる人たちと会わなきゃいけないんで。まあ、あの世で映画館を経営してるんですよ。

竹内　経営ですか。

香川照之守護霊　映画館を経営していて、いろんな方々をお招きして、お話を頂いたり、演技していただいたりして、あの世の観客に観《み》せる。

まあ、映画館の興行主《こうぎょうしゅ》みたいな仕事をしてると思っていただけりゃいいです。

竹内　ちなみに、最近は、どのような映画を上映されたのですか。

香川照之守護霊　うん？　どのような映画って、それは、もう毎日、映画の品目《ひんもく》は替《か》わりますからね。

竹内　なるほど。

香川照之守護霊　まあ、地上の人間（本人）のほうが、最近、関係ありそうなあたりを探《さぐ》る。

だから、（地上の香川照之が）明治維新《いしん》前後の役をやるんなら、その前後の（時代の）

お方とかをお呼びして、お話を頂いたり、「ちょっと、そのへんのところをお見せいただけますか」みたいな感じで、観客に観せたりする。

私も、そういう舞台《ぶたい》を持ってて、あの世で舞台経営者をやっているわけです。まあ、〝日本のシェークスピア〟と呼んでくれる？

竹内　ああ、分かりました（笑）。

香川照之守護霊　うん。まあ、そんな感じですかな。

（シェークスピアは）もともと舞台小屋の経営者で、脚本《きゃくほん》も書いたり、俳優も演じたり、いろんなこともやってたみたいな感

ウィリアム・シェークスピア
（1564 ～ 1616）
イングランド王国の劇作家・詩人。俳優業の傍ら脚本を執筆し、やがて劇団を所有し、劇場株主となる。四大悲劇「ハムレット」「マクベス」「オセロ」「リア王」をはじめ、「ロミオとジュリエット」「ヴェニスの商人」等、数多くの優れた作品を発表した。

じだから、まあ、自分でそれをつくるっていうなら、そんな感じでしょう。たぶんね。

## 今後の配役を考えて著名な「作品」や「名優の演技」を研究しておく

香川照之守護霊　できるだけ人脈をつくって、いろんな人に来てもらわないとしょうがないでしょうな。来てもらって、ちょっと話をしてもらうなり、演技論をしてもらうなりする。

まあ、それができない場合、今はもう、便利な時代で、ＤＶＤがいっぱい出てるので、それで作品研究をすることでしょうね。

人生経験は繰《く》り返しできませんから、それを観て作品研究をすることで、「自分にそういう役柄《やくがら》が回ってきたときに、どうやるか」っていうのは、やっぱり分かるじゃないですか。

竹内　はい。

香川照之守護霊　時代劇なんかになってくると、もう、作品を通して見ないと、その時代自体の体験はできないからね。

だから、そういう、いろんな時代や、いろんな配役の作品を観ていって、そのなかで、「自分ができそうなのは、どんなものなのか。できにくいのは、どんなものなのか」っていうことを見ていく。まあ、自分としてはできなくてもいいけども、「相手がその役をしたときに、受ける役として何ができるか」っていうことをやっていく必要があるので、作品研究は要《い》ると思うね、やっぱりね。

客筋《きゃくすじ》はいろいろあるから、いろんな客筋に合わせた作品を観て、著名なやつとかは、やっぱり研究したり、特徴《とくちょう》的なものは知っておいたりする必要はあるだろうねえ。

それから、名優といわれた人の演技についての研究なんかを、特に詳《くわ》しくやっておく必要はあるだろうね。

だけど、まあ、やっぱり、「イン・ザ・ヒーロー」の彼（唐沢寿明《からさわとしあき》）みたいに、死体で浮《う》かぶ役とかを研究するところまでやるのは大変だろうけどね。

## 役者が体得すべき基本動作と、役づくりに必要なものとは

香川照之守護霊　でも、「じゃあ、みなさん、これから死体になってください」って言われたときに、死体ぐらいできないと、映画やドラマには出れないんですよ。これ、呼吸して胸が動いてたら駄目《だめ》なんですよ。

「はい、（胸を）上下しないでくださいね。息をしていないようなふりをしてください。息はしてもいいけど、していないように見えるような息をしてください。体は動かさないでください」って、死体に見えるように。「死体の役をやれ」って言われたらねえ……。

よくあるじゃない。最近だと、「監察医《かんさつい》何とか」（ドラマ「ゼロの真実～監察医・松本真央《まつもとまお》～」）とかいって、ねえ。

竹内　ああ、はい。武井咲《たけいえみ》さん……。

香川照之守護霊　そう、武井咲さんがやったじゃん、天才監察医の役。死体だらけだ。毎回、あれに死体が出てたでしょ。死体になる俳優だっているわけですけども、死体でいるっていうのはねえ……。

撮影《さつえい》はそんなに簡単に終わらないからね。いろいろと演技の練習で、「ああ、やり直しを、もう一回。もう一回やります。もう一回やります」ってなる。死体は大変ですよ。「さっきと位置が変わってる」とか（笑）、いろいろあったらいけないだろうし、死体は死体のままで硬直《こうちょく》しなきゃいけないから、ものすごく肩《かた》が凝《こ》るんだ、あれな。だから、死体の役ができるかどうか。

まあ、私が練習するんだったら、死体の役、通行人の役（笑）、あるいは殺される役、殺す役。このへんの基本動作は、やっぱり、やらないといかんね。

だから、笑う、泣く、それから、動く。まあ、いろんなものがあるし、あとは、意志力と肉体鍛錬《たんれん》で、役柄づくりのための地ならし訓練をやれるか。

「ゼロの真実～監察医・松本真央～」（2014年放送／テレビ朝日）

例えば、「役づくりのために減量しろ」と言われて、あなたは減量できますか。

　私なんかだったら、十七キロ減量とかをやったことはあるけれど、そういうのを、あんたはできますか。まあ、十七キロもやったら、ちょっと殺生《せっしょう》だから、五キロでもいいけどもね。

「役づくりとして、これから、一カ月で五キロ減量というのに挑戦《ちょうせん》します」ということで、五キロ減量をやらす。次には、「一カ月で五キロ増やす役づくりをしなさい。五キロ増やしてみてください。どうやって体をつくりますか」っていうのをやらす。これだって、やっぱり、トレーニングなんですよ。だから、人によって違《ちが》う。

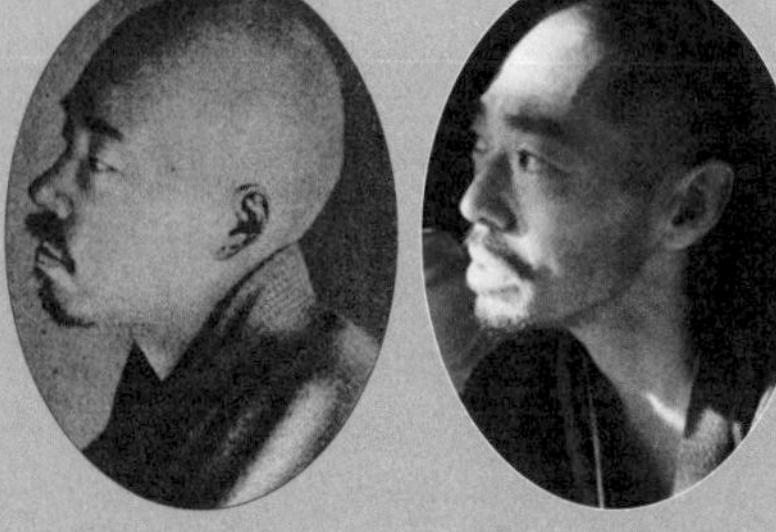

ドラマ「坂の上の雲」（2009 ～ 2011 年放送／ NHK）では、結核で早世した正岡子規〈上左〉役に挑んだ香川氏〈上右〉。『日本魅録 3』によれば、減量の限界への挑戦をしたのは、子規の実人生での苦行に対する供養の思いからだったという。

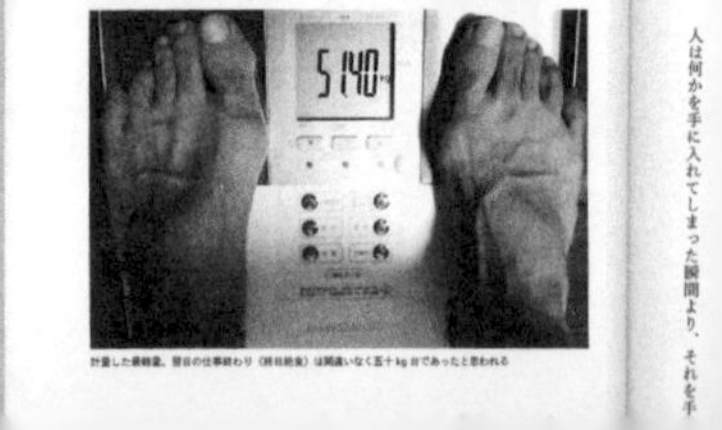


〈下〉17 キロ減量したときの壮絶な状況が写真つきで綴られている（『日本魅録 3』〔キネマ旬報社〕から）。

私なんかは、まずは食べないことから減量を始めますけど、朝ご飯《はん》だけは、できるだけまともに食べて、あとはもう、食事だと思ってランニングする。

竹内　うーん。

香川照之守護霊　「さあ、これから楽しい晩ご飯だぞ」って走り始めるとかですね。こういうかたちで、私なんかは減量するけど、コンニャクばっかり食べとるやつも当然いるし（笑）、まあ、私もやるけど、フルーツと野菜ばっかり食べる人もいる。あるいは、ジュースだけ飲んでる人もいる。まあ、いろいろなやり方があります。
その痩《や》せ方にも、「痩せただけでいいのか。さらに筋肉質でなければいけないのか」っていう痩せ方があるから、その場合は、トレーニングしながら痩せなきゃいけないし、あとは、太るやつもあるよね。太って筋肉をつけなきゃいけない役もある。
その役柄に合わせて、自分の体を太らせたり、痩せさせたりもできるかどうか。やっぱり、そのへんをやらなきゃいけない。

## 「無理のある配役」でも演じ切った俳優たちを語る

香川照之守護霊　まあ、できないものもありますよ。私に「関取《せきとり》の役をやれ」って言ったって、ちょっと無理だと思う。それは、さすがに無理だと思う。「今の体重に、これから、あと百キロ乗せてください」っていうのは、そりゃあさすがに、うーん……、無理だね。それはちょっとできない。それは、やっぱり降りる。昔、西田敏行《にしだとしゆき》さんがさあ、西郷隆盛《さいごうたかもり》をやったことがある。

竹内　あ、やっていましたね。

香川照之守護霊　ねえ。西田さんの西郷っていうのは、なっかなか無理はあったけど、まあ、ようやったわなあ。（身長）百八十センチ、（体重）百キロはあったかっていう人の役をやるのは、けっこうきつかったと思

西田敏行が西郷隆盛役を演じた大河ドラマ「翔ぶが如く」（1990年放送／NHK／原作：司馬遼太郎）

うけど、まあ、やったわなあ。
それから、武田鉄矢《たけだてつや》の坂本龍馬《さかもとりょうま》なんていうのも、もう本当は無理だぜ。

竹内　（笑）

香川照之守護霊　オーディションなら落ちるよ、普通《ふつう》は。普通は落ちるけど、本人が好きだからね。本人が龍馬を好きだから、龍馬が乗《の》り移《うつ》ったように、「乗り移り型」を演じようとして、龍馬をやるからね、龍馬の気分で。気分だからね。龍馬には全然似てない。全然似てないよね。龍馬は、あんなちんちくりんじゃないもんね。
福山雅治《ふくやままさはる》みたいな人が龍馬をやるんだったら、「かっこいいなあ」っていうので人気があるけど、武田鉄矢の龍馬なんて、全然かっこよくない。かっこよくないけど、「海援隊《かいえんたい》」なんてやって、入れ込《こ》んでるからさあ。「やりたい」って言ったら、乗り移

武田鉄矢が自ら脚本を書き、坂本龍馬役を演じた「幕末青春グラフィティ 坂本竜馬」（1982年放送／日本テレビ）。「幕末青春グラフィティ Ronin 坂本竜馬」として映画化もされた（1986年公開／東宝／TBS）。

ってくるふりをせにゃ、いかんじゃないですか。

だから、外見はどうであれ、「坂本龍馬が乗り移ってきたとしたら、こんなふうに動くんじゃないか」っていうことが演じられる。好きなら、そこまで行ってくるから。しぐさまで似てくるとかね。まあ、しぐさとかで似せる。西田なんかもそうだね。しぐさで似せる。似てくるんだよなあ。何となく似てくる。

このあたりは、何て言うかなあ。いろんなものを見て研究して、まねをすることから始まって、最後は、よく女優さんなんかも言ってる「乗り移り型」で、実際に本人が乗り移ってきたかのように演じられるし、ほんとにうまくなってくると、乗り移ってくるから。それが大事。

## 役者に「指導霊《しどうれい》」を送り込《こ》む仕事をしている

香川照之守護霊　私なんかは、今は霊界《れいかい》で、舞台小屋を経営してますけど、そういうところから、（この世の）役者のところに指導霊《しどうれい》を送り込《こ》む仕事をしてるんですよ。（役者は）いろんな役柄をやってるんで。いろんな役をやってるときに、これにちょうど合う指導霊がいたら、知り合いの人たちのところに、それを送り込んで、ちょっと演技指導を手伝わせてやると。

そういう意味で、非常に公共心があるんですよ、自分の演技だけじゃなくて。もうほんと、「NHKの会長をやってもいいか」とか、あるいは、「民放の会長をやってもいいかな」と自分で思うことがあるぐらいね。あるいは、「東宝《とうほう》とかの社長あたりをやらせてもらってもいいかな」と思うこともあるぐらいだけど。

そのように、いろんな人の演技指導に適した人を配剤《はいざい》するようなこともやってます。

## 経験がない役を演じるための〝企業《きぎょう》秘密〟を一部公開

香川照之守護霊　そういう意味で、「人間研究」、それからもちろん「歴史研究」、時代背景としては現代だっていろんなものがあるから、オフのときにできるだけ、いろんなものを見ておくことは大事だね。もちろん、観賞という意味でもあるけども、街や職業や、いろんな人を見ないと、分からないことがある。

それから、実体験だけではできないのは……。偉《えら》い人の役なんかは、確かに経験がないから分からないけど。私だってさあ、全然経験がないけど、「日銀《にちぎん》総裁の役をやれ」と言われれば、そらあ、やりますよ。そらあ、「やれ」って言われたら、やりますよ。総理大臣だってやるし、「暗黒街のボスをやれ」って言われたら、やりますよ。でも、その背景には、多少なりとも知識とか、そういうものは要《い》るし、業種による知識をちょっとやらないかん。銀行員をやるんだったら、やっぱり銀行についての理解は要るからね。

それをどう勉強するかは、完全に〝企業秘密《きぎょう》〟で、みんな各自でやってるわけですよ。ものすごい〝企業秘密〟として。ここについては、〝企業秘密〟なんですよ。各自、何の勉強をやっているかっていうのは見せない。全然、見せないけど、いざ「やってくれるか」って言われたときに、「はい」って引き受けられるかどうか。やらせてみて、「おお、できるなあ。人殺しの役ができる人が、銀行員の役もできるんだな」と。

## 違《ちが》った役ができるように「演技の厚み」を出す努力を

香川照之守護霊　最近、宮沢《みやざわ》りえが平凡《へいぼん》な女子銀行員の役をやって、賞なんかもらったけど（注。二〇一四年十一月公開の映画「紙の月」のこと）。宮沢りえに平凡な地方銀行か、信託《しんたく》銀行か、信用金庫か何かの制服の女子行員の役という、何とも残酷《ざんこく》なことをやらせる。別に平凡には見えなかったけどねえ。それをやらせたりして、賞はもらっていたようだけども。

ああいうふうに、人間は年を取るからね。若ければ恋愛《れんあい》ものができても、年を取ったときには違《ちが》った役ができなきゃいけないから、そういう横領するベテラン女子行員の役だって、できなきゃいけないわけです。

その意味では、年を取るにつれて、「社会常識」が増えなきゃいけないから、ドラマも観たり、新聞も見たりしながら、こういう世界についての知識を知ってることが、演じる〝あれ〟にはなるわなあ。

やっぱり、年齢《ねんれい》相応で容貌《ようぼう》は落ちてくる。まあ、鍛《たん》錬《れん》でちょっと引き延ばすことはできるけども、そういう幅《はば》の広さで演技の厚みを出していく努力をすること

「紙の月」（2014年公開／松竹／「紙の月」製作委員会／原作：角田光代）

が、口幅《くちはば》ったい言い方だけど大事なのかな。

だから、若い人たちは、人の演技を見たり、自分も演技の練習をしたりすることも大事だけども、「例えば、こういう役が当たったときだったら、どうするか」という仮定の下《もと》に、何を勉強するかっていうことをやらないかんでしょうね。

## いろいろな業界の方を呼び、どんな仕事をしているかを訊《き》く

香川照之守護霊　そういう意味では、大学とかで（授業を）やるんだったら、「単に俳優や女優だけを呼んで、その話を聴《き》いたらいい」っていうわけではなくて、そういう人たちが演じる役があるから、いろんな業界の方に、「どんなお仕事をなさっているんですか」と訊《き》く。「銀行では、どんな仕事をしてるんですか」とか、あるいは、スポーツ選手なら、「スポーツ選手として、どんな役をしているんですか」とか。

あるいは、これは呼べないかな。元ヤクザか、現職のヤクザだか知らんが（笑）、「ヤクザって、どんな稼業《かぎょう》ですか」とか。不動産業を名乗ってるヤクザを呼んできて、「どんな業態なのか」とか。彼らは、ちゃんとビジネスをやっとるんですよね。「社

長」だとか、けっこう名刺《めいし》を持ってるんですよ。「不動産会社の社長とかの名刺を持ってて、実はヤクザ」っていうのはいっぱいいますけど、いちおう経済知識を持ってるのよね。ちゃんと、知ってるんですよ。

あるいは、株屋さん。最近だったら、株とか、そんなのもありますから。

そういう、いろんな業界の方を呼んで、その業界についての説明とか、「どんな仕事をしてるか」っていうようなことを訊くこと。

これは、宗教だったら、会員さんの幅がすごくあるでしょう。それから、おたくだって、おそらく出所《しゅっしょ》してきた方とかもいらっしゃるでしょう。刑務所《けいむしょ》を経験なされた方なんかだって、更生《こうせい》のために宗教に来ておられる方なんかもいるでしょうから。こんな人の体験だって貴重ですよねえ。「監獄《かんごく》のなかは、どんなふうになってますか」って（笑）。「どんな生活でしたか」って。やっぱり、知ってることが、よく出てくるからねえ、映画ではねえ。

だから、警察官だって貴重な役ですね。警察ものは、よう流行《はや》るからねえ。「刑事《デカ》の役」と「捕《つか》まえられる役」は、両方、非常に大事ですから。そういう役柄の練習もあるけども、「実体験の職業としては、どんなものなのか」っていうところを勉強することが大事だね。

そういう意味で、やっぱり、いろんな人を呼んで話していただく。それはものすごく大事な体験だと思うなあ。

竹内　ありがとうございます。

# 9 香川照之の「過去世《かこぜ》」に迫《せま》る

## 過去世《かこぜ》を訊《き》かれて、「平凡《へいぼん》な答え」と「非凡な答え」を語る

竹内　最後に、香川さんの過去世《かこぜ》を伺《うかが》ってもよろしいでしょうか。

香川照之守護霊　「役者に過去世を訊《き》く」っていう……。まあ、変な宗教だねえ。

竹内　最近、武井咲《たけいえみ》さんの守護霊《しゅごれい》にも訊いたら、衝撃《しょうげき》の過去世が出てきたんですけれども（注。女優・武井咲の過去世は、世界的大女優のオードリー・ヘップバーンであることが判明している。前掲《ぜんけい》『時間よ、止まれ。』参照）。

香川照之守護霊　そんな、かっこいい人はいいよ。

私が演じられる役だったら、何でも過去世は言えるわけですから。私が「演じることができる」と自分で思ってるものなら、何でも過去世で、演じられないものは、過去世としては言えない。演じられるものなら、「過去世」と言ったって、あんたがたは納得《なっとく》しなきゃいけない。

竹内　今いらっしゃっている守護霊様は、いつの時代に生きていた方なのですか。

香川照之守護霊　うーん……。ええ……。まあ、平凡《へいぼん》な答えは……。そら、江戸《えど》時代あたりの「歌舞伎《かぶき》俳優」みたいに言うのが、平凡な答えね。まあ、これは想定内の問《もん》答《どう》。平凡な答えは、こういう答えですね?

竹内　はい。

香川照之守護霊　非凡な答えは、全然、違《ちが》うことを言えばいいわけですよ。例えば、自分がやってみたい役柄《やくがら》なんかを言うと、非凡なわけですよ。そうすると、次、役が回ってくるから。

非凡な答えだったら、そうですねえ。「豊臣秀吉《とよとみひでよし》のときは、なかなか大変でしたね。苦労しましたね、あのころは。貧しい身分から一国のトップになるのは本当に大変だった」みたいなことを言うと、「次、そういう役が大河《たいが》ドラマで回ってこないかなあ」とか考えられるわけですよね。

だから、何でもいいわけですよ。

竹内　ちなみに、どんな服装をされていますか。

香川照之守護霊　え？　何が？

竹内　服装は？

香川照之守護霊　うーん、うるせえなあ。まだ、霊視《れいし》できねえのかよ。

竹内　はい。霊視までは、まだできないですね（笑）。

香川照之守護霊　まあ、私は光に包まれてるから、視《み》えないかもしれませんねえ。本当の私の正体は〝ウルトラマン〟なんだ。

竹内　……意味がよく分からないです（笑）（会場笑）。服装はどんなものを着ているんですか。着物ですか？

香川照之守護霊　やっぱり、あれなんじゃないの？　やっぱり、それは着ぐるみを着てやってるんじゃないの？　今、「ふなっしー」なんか、（両手を上下に振《ふ》って）こんな感じでやってるんじゃないかねえ。

## 「俳優は、過去世《かこぜ》でいろんな職業をやっていることが多い」

竹内　先ほど、明治維新《いしん》のことについてチラッとおっしゃっていましたが、明治維新とは関係しているんですか。

香川照之守護霊　明治維新なんかに生まれたら、私だったら……。（竹内に）あんたが神様だったら、配役として、何をやらせたい？

竹内　配役ですか……。

香川照之守護霊　香川ができるなら、何がいい？

竹内　幕臣《ばくしん》のほうですかね？（笑）

香川照之守護霊　幕臣ですか。幕臣だったら、何に使いたい？

竹内　やっぱり、「安政《あんせい》の大獄《たいごく》」のほうの……（笑）。

香川照之守護霊　ああ、そんな〝悪い〟のに使うの？（会場笑）君は、そういう評価なわけね。

竹内　すみません（笑）。

香川照之守護霊　安政の大獄で吉田松陰《よしだしょういん》とかを殺すほうをやらせたいわけね。ああ、なるほどね。できないことはないですね。それは、「やれ」と言われたら、ギャラ次《し》第《だい》ではやりますけどね。

私は、スパッと勝海舟《かつかいしゅう》ぐらいは出てくるかと思ったんだけどなあ。

竹内　ああ、そうですか（笑）。

香川照之守護霊　「賢《かしこ》そうだから、いけるんじゃないか」とか思ってくれないかなあ。

竹内　なるほど。過去世《かこぜ》では、必ずしも「歌舞伎《かぶき》」や「能」などをやっていたわけではないということですか。

香川照之守護霊　あのね、やっぱり、俳優をやるような人は過去世ではねえ、俳優業っていうのはそんなにあるわけじゃないので、いろんな職業をやってることが多いですよ。いろんな職業をやってる。

だから、当然、私の演技から見れば、商人もやっと

吉田松陰（1830～1859）
長州藩出身の志士、兵学者、陽明学者。松下村塾で優秀な人材を多数輩出し、明治維新の原動力となった。

勝海舟（1823～1899）
江戸末期の幕臣。幕府側代表として西郷隆盛と会見し、江戸無血開城を実現させた。

れば、武士もやっているのは当然です。もちろん、歌舞伎俳優的な、何かそういう役者的なものもどっかでやってるっていうのは、当然、あるでしょうな。ただ、オードリー・ヘップバーンは、やってないなあ。記憶《きおく》がない。

## 派手な感じがある「室町《むろまち》時代」にはいたかもしれない

竹内　香川さんの書籍などを読みますと、けっこう「精神論」を語っていることが多く、今日のような「演技論」はあまり語ってくださっていないことが多いです。

香川照之守護霊　へへへ（笑）。

竹内　あのような精神論は、禅《ぜん》や武士道など、そういう方面から来ているのですか。

香川照之守護霊　そこまで行くと、硬《かた》すぎるんじゃないかな。さすがにそこまで行くと、硬いんじゃないかな。

でも、すでに世阿弥《ぜあみ》を〝騙《かた》ってる〟やつがいらっしゃるね、一名（注。以前の霊言で、作詞家・プロデューサーの秋元康《あきもとやすし》氏の守護霊が、秋元氏の過去世は世阿弥であると語っている。『ＡＫＢ48ヒットの秘密』（幸福の科学出版刊）参照）。

竹内　では、（世阿弥の父である）観阿弥《かんあみ》とかはいかがでしょうか。

香川照之守護霊　ああ、そのあたりにしとくと、いちばん、役者としては格が付くかなあ。「秋元よりは上だ」っていうことを、ちゃんと言っとけばいいんじゃないかなあ。

竹内　（笑）室町時代にはいたんですか。

AKB48をプロデュースした秋元康氏守護霊の霊言『AKB48 ヒットの秘密』（幸福の科学出版）。

香川照之守護霊　まあ、いたかもしれないね。あのころは、ちょっとかぶいてた時代だからね、実際に。「かぶいてた」っていうのは……。ちょっと派手な感じがある時代だったからね。

竹内　どんなことをされていたのでしょう?

香川照之守護霊　まあ、私の〝出演料〟は、今日、出てないでしょう?

竹内　霊的には、ご利益《りやく》があると思います。

香川照之守護霊　〝出演料〟が出てないんだったら、あと、役者として箔《はく》が付くようなものを、何かしとかなきゃ。

竹内　いや、嘘《うそ》はいけないと思うので（苦笑）。

香川照之守護霊　やっぱりね、君の少ない日本史の知識から見たら、もう将軍かなんかぐらいしか出てこないでしょう？　どうですか。そのあたりを出せば、私の〝出演料〟に当たるとは思うんだがなあ。

竹内　うーん。室町の芸能ですか。

香川照之守護霊　無理だね。はい、もう、はい。

竹内　ちょっと待ってください。分かりました。では、華道《かどう》とか、そちらの方面をやっていますか。

香川照之守護霊　うーん。まあ、そこまで突《つ》き詰《つ》めるほどではないねえ。

竹内　歌舞伎役者……。

香川照之守護霊　いや、あのねえ。じゃあ、ずっとレベルを下げてやろう。「関ヶ原《せきがはら》の合戦《かっせん》で、十万の軍勢で戦ったなかにいた雑兵《ぞうひょう》の一人だった」と。このくらいだったら、嘘とは思わないかもしらんねえ。

## 過去世《かこぜ》の「謎《なぞ》かけ」を繰《く》り返す香川照之守護霊《しゅごれい》

竹内　では、「過去世《かこぜ》は明かしていただけない」ということでいいのですか。

香川照之守護霊　うーん。まあ、いろんな過去世はありうる。いろんな過去世はありうる。だけども、ヘボ役者なんで。

まあ、あとは過去世で悪役っていうことになりますと、ちょっと、あれですねえ。悪役で頭に浮《う》かぶものが、あなたにありますか。

竹内　悪役ですか。うーん……。時代はいつですか。

香川照之守護霊　まあ、いつでもいいんだけどねえ。でも、今みたいな、俳優業がこんなに盛《さか》んな、テレビや映画の時代はないからねえ。そういう意味では、ぴったしのものはないわねえ。ある意味ではないから。まあ、何かの地位があった人ぐらいにしててくれると、私はうれしいんだけどなあ。

竹内　では、「なかなか言えない」ということで……。

香川照之守護霊　うん。まあ、「言えない」ということで。じゃあ、思い切って、ずっと飛んじゃいますか。「テルマエ・ロマエ」あたりまで飛んじゃったりしたら、どうしようかなあ。

竹内　いや、嘘であれば結構です（苦笑）。

●「テルマエ・ロマエ」　古代ローマ・ハドリアヌス帝時代の浴場設計技師が現代日本にタイムスリップする漫画。2012年、2014年に映画化された（東宝／「テルマエ・ロマエ」製作委員会／原作：ヤマザキマリ）。

香川照之守護霊　嘘ならいわないほうがいい？

竹内　はい。真実だけで……。「室町時代に生まれていた」というのは真実なんですね？

香川照之守護霊　室町時代？　室町はいたような気がするねえ。

竹内　絵画《かいが》とか、茶道《さどう》とか……。違いますか。

香川照之守護霊　いや、オードリー・ヘップバーンまで行きませんよ。あんな〝化《ば》け物〟と一緒《いっしょ》にされたら困るから。まあ、何とか飯《めし》は食えたあたりです。

竹内　そうですか。分かりました。

香川照之守護霊　まあ、役としてはいろんな偉《えら》い役をしますが、本人自身はいろんな人生経験を延々と積んできたということで、「現時点では、霊界《れいかい》で舞台の経営をやっております」ということです。

竹内　分かりました。

今日は、演技についてのさまざまな貴重なアドバイスを頂きまして、ありがとうございました。

香川照之守護霊　はい。どうも。

小田　ありがとうございました。

## 10 〝初見《しょけん》〟では全部を見せなかった香川照之守護霊

大川隆法　（手を二回叩《たた》く）まあ、よく話していただいたのではないでしょうか。

竹内　そうですね。新しい論点が幾《いく》つか出てきたと思います。

大川隆法　頭はよろしいですし、勉強はよくされているでしょうから、けっこう、いろいろなことを盛り込《こ》んだかもしれません。勝手にテキストとして使わせていただけるような内容になったかもしれませんね。

小田　はい。たいへんありがたかったです。

大川隆法　けっこう、中身が入っていたと思います。さすがに第三者の目で見るような目をお持ちでした。そういうところはありましたね。

竹内　具体的な実践《じっせん》論まで教えていただきました（笑）。

大川隆法　そうですね。

「オードリー・ヘップバーンではない」という過去世《かこぜ》だそうです（笑）。

竹内　それとは比べられたくないのですね。

大川隆法　「過去世をスパッと言える」というのは、なかなか大変なものです。やはり、それを出すことには、損得勘定《かんじょう》があるのでしょう。

例えば、「どこその藩《はん》で賄《まかな》い方《かた》の侍《さむらい》として仕えていました」というぐらいでは、「武士の一分《いちぶん》」●（二〇〇六年公開の日本映画）のあたりならよいかもしれませんが、彼は、そのあたりとは言えないのでしょう。おそらく、マルチな俳優を目指しているため、イメージをつけられるのが嫌《いや》なのだろうと思います。「こういう役」と思われたくないのでしょう。

今の役者はそれなりにスターですが、確かに江戸《えど》以前の役者は社会的地位が高かったわけでは決してないので、全然、違《ちが》う役柄《やくがら》や役割をしていたのかもしれません。

彼は、「初見《しょけん》で全部を見せるほど、バカではない」と考えるような方なのでしょう。そういう人だと思います。著作を読んでも分からないです。本心や他人への評価をなかなか明かさない方なので、「〝能面《のうめん》〟を被《かぶ》っている」ということでしょうか。

もし、当会の霊言《れいげん》に何度か出てくるチャンスがあれば、そういう部分も出てくるかもしれません。

ただ、一つの視点は得られたかと思います。

●「武士の一分」　幕末の下級藩士で毒見役を務める侍の生き方を描いた小説を木村拓哉主演で映画化（2006年公開／松竹／原作：藤沢周平『盲目剣谺返し』）。

一同　ありがとうございました。

大川隆法　（手を一回軽く叩く）はい。

## あとがき

　映画やドラマには、様々な人生模様が描かれている。実人生で経験できなかったことを追加体験させてくれるチャンスだ。

　私のような宗教家にとっては、万人《ばんにん》に教えを説かねばならない立場上、人間研究、人生観察の勉強になることが多い。

　私自身も、今年は第九作目の映画『ＵＦＯ学園の秘密』（アニメ）の公開と十作目の実写映画『天使に〝アイム・ファイン〟』制作開始にかかっており、製作総指揮者としては、もう二十年以上映画創《づく》りに関係している。いつかしら芸術の世界にも縁ができてきた。

創造のヒントは、いつも人間学・人生学にあると思っている。その意味で「香川ワールド」の変化と発展に強い期待を抱《いだ》いている。これからも素晴らしい演技を見せて頂きたいものだ。

二〇一五年　一月三十日

幸福《こうふく》の科学《かがく》グループ創始者兼総裁《そうししゃけんそうさい》　大川隆法《おおかわりゅうほう》

『俳優・香川照之のプロの演技論 スピリチュアル・インタビュー』

大川隆法著作関連書籍

『教育の使命』（幸福の科学出版刊）
『帝王学の築き方』（同右）
『堺雅人の守護霊が語る 誰も知らない「人気絶頂男の秘密」』（同右）
『「イン・ザ・ヒーローの世界へ」――俳優・唐沢寿明の守護霊トーク――』（同右）
『時間よ、止まれ。――女優・武井咲とその時代――』（同右）
『高倉健　男のケジメ』（同右）
『AKB48ヒットの秘密』（同右）

俳優《はいゆう》・香川照之《かがわてるゆき》のプロの演技論《えんぎろん》
スピリチュアル・インタビュー

2015年2月7日　初版第1刷

著　者　　大《おお》　川《かわ》　隆《りゅう》　法《ほう》

発行所　　幸福の科学出版株式会社
〒107-0052 東京都港区赤坂2丁目10番14号
TEL(03)5573-7700
http://www.irhpress.co.jp/

印刷・製本　株式会社 堀内印刷所

落丁・乱丁本はおとりかえいたします

ISBN978-4-86395-641-4 C0076
写真：時事通信フォト／時事／共同通信社／Richard Masoner ／ Megapixie

## 大川隆法霊言シリーズ・人気の秘密に迫る

### 堺雅人の守護霊が語る 誰も知らない 「人気絶頂男の秘密」

個性的な脇役から空前の大ヒットドラマの主役への躍進。いま話題の人気俳優・堺雅人の素顔に迫る110分間の守護霊インタビュー！

1,400円

---

### 人間力の鍛え方
#### 俳優・岡田准一の守護霊インタビュー

「永遠の 0」「軍師官兵衛」の撮影秘話や、演技の裏に隠された努力と忍耐、そして心の成長まで、実力派俳優・岡田准一の本音に迫る。

1,400円

---

### 俳優・木村拓哉の守護霊トーク 「俺《オレ》が時代《トレンド》を創る理由《わけ》」

トップを走り続けて 20 年。なぜキムタクは特別なのか？ スピリチュアルな視点から解き明かす、成功の秘密、絶大な影響力、魂のルーツ。

1,400円

## 大川隆法霊言シリーズ・人気の秘密に迫る

# 高倉健　男のケジメ

### 死後17日目、胸中を語る

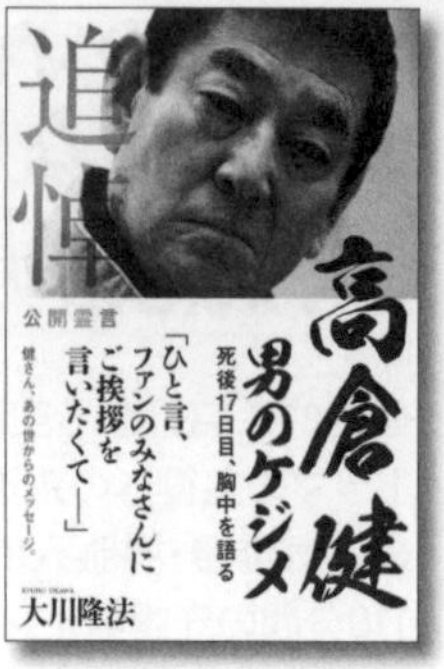


ファンや関係者のために、言い残したことを伝えに帰ってきた――。日本が世界に誇る名優・高倉健が、「あの世」からケジメのメッセージ。

1,400円

---

# 「イン・ザ・ヒーローの世界へ」

### ―俳優・唐沢寿明の守護霊トーク―

実力派人気俳優・唐沢寿明は、売れない時代をどう乗り越え、成功をつかんだのか。下積みや裏方で頑張る人に勇気を与える"唐沢流"人生論。

1,400円

---

# 丹波哲郎
# 大霊界からのメッセージ

### 映画「ファイナル・ジャッジメント」に物申す

映画「ファイナル・ジャッジメント」に、硬軟取りまぜた"丹波節"が炸裂！霊界でのエピソードも満載の「霊界の宣伝マン」からのメッセージ。

1,400円

※表示価格は本体価格（税別）です。

## 大川隆法霊言シリーズ・成功の秘密を探る

### AKB48 ヒットの秘密

**マーケティングの天才・秋元康に学ぶ**

放送作家、作詞家、音楽プロデューサー。30 年の長きに渡り、芸能界で成功し続ける秘密はどこにあるのか。前田敦子守護霊の言葉も収録。

1,400 円

---

### 「宮崎駿アニメ映画」創作の真相に迫る

宮崎アニメの魅力と大ヒット作を生み出す秘密とは？ そして、創作や発想の原点となる思想性とは？ アニメ界の巨匠の知られざる本質に迫る。

1,400 円

---

### ウォルト・ディズニー「感動を与える魔法」の秘密

世界の人々から愛される「夢と魔法の国」ディズニーランド。そのイマジネーションとクリエーションの秘密が、創業者自身によって語られる。

1,500 円

---

### マイケル・イズ・ヒア!

**マイケル・ジャクソン 天国からのメッセージ**

マイケル・ジャクソン、奇跡の復活！ 彼が天国に還って見たもの、体験したこと、感じたこととは？ そして、あの世でも抱き続ける「夢」とは何か。

1,400 円

## 大川隆法シリーズ・**最新刊**

# 「国際教養概論」講義

五大陸で数千万の人々に向けて英語説法を行い、ワールド・ティーチャーとして活躍する著者が明かす、真の国際人になるための条件。

1,500円

# 帝王学の築き方

## 危機の時代を生きるリーダーの心がけ

追い風でも、逆風でも前に進むことがリーダーの条件である――。帝王学をマスターするための智慧が満載された、『現代の帝王学序説』の続編。

2,000円

# ムハンマドよ、パリは燃えているか。 ―表現の自由vs.イスラム的信仰―

「パリ新聞社襲撃テロ事件」の発端となった風刺画は、「表現の自由」か"悪魔の自由"か？ 天上界のムハンマドがキリスト教圏に徹底反論。

1,400円

※表示価格は本体価格(税別)です。

## 大川隆法シリーズ・**新刊**

# 福音書のヨハネ イエスを語る

イエスが最も愛した弟子と言われる「福音書のヨハネ」が、2000年の時を経て、イエスの「奇跡」「十字架」「復活」の真相を解き明かす。

1,400円

# マキャヴェリ 「現代の君主論」とは何か

## リアリズムなき平和主義への警告

危機の時代を生き抜くために必要なリーダーとは？ 徹底的な現実主義を説いた政治思想家が、戦後平和主義から抜け出せない日本に警鐘を鳴らす。

1,500円

# 実戦起業法

## 「成功すべくして成功する起業」を目指して

起業を本気で目指す人、必読！ 事業テーマの選択や人材の養成・抜擢の勘所など、未来の大企業をつくりだす「起業論」の要諦が、この一冊に。

1,500円

# 幸福の科学グループのご案内

宗教、教育、政治、出版などの活動を通じて、地球的ユートピアの実現を目指しています。

## 宗教法人　幸福の科学

一九八六年に立宗。一九九一年に宗教法人格を取得。信仰の対象は、地球系霊団の最高大霊、主エル・カンターレ。世界百カ国以上の国々に信者を持ち、全人類救済という尊い使命のもと、信者は、「愛」と「悟り」と「ユートピア建設」の教えの実践、伝道に励んでいます。

（二〇一五年二月現在）

## 愛

幸福の科学の「愛」とは、与える愛です。これは、仏教の慈悲《じひ》や布施《ふせ》の精神と同じことです。信者は、仏法真理をお伝えすることを通して、多くの方に幸福な人生を送っていただくための活動に励んでいます。

## 悟り

「悟り」とは、自らが仏の子であることを知るということです。教学《きょうがく》や精神統一によって心を磨き、智慧《ちえ》を得て悩みを解決すると共に、天使・菩薩《ぼさつ》の境地を目指し、より多くの人を救える力を身につけていきます。

## ユートピア建設

私たち人間は、地上に理想世界を建設するという尊い使命を持って生まれてきています。社会の悪を押しとどめ、善を推し進めるために、信者はさまざまな活動に積極的に参加しています。

国内外の世界で貧困や災害、心の病で苦しんでいる人々に対しては、現地メンバーや支援団体と連携して、物心両面にわたり、あらゆる手段で手を差し伸べています。

年間約３万人の自殺者を減らすため、全国各地で街頭キャンペーンを展開しています。

公式サイト **www.withyou-hs.net**

ヘレン・ケラーを理想として活動する、ハンディキャップを持つ方とボランティアの会です。視聴覚障害者、肢体不自由な方々に仏法真理を学んでいただくための、さまざまなサポートをしています。

公式サイト **www.helen-hs.net**

INFORMATION

お近くの精舎・支部・拠点など、お問い合わせは、こちらまで！

**幸福の科学サービスセンター**

**TEL. 03-5793-1727** (受付時間 火～金：10～20時／土・日：10～18時)

**宗教法人 幸福の科学 公式サイト happy-science.jp**

# 教育

## 学校法人 幸福の科学学園

学校法人 幸福の科学学園は、幸福の科学の教育理念のもとにつくられた教育機関です。人間にとって最も大切な宗教教育の導入を通じて精神性を高めながら、ユートピア建設に貢献する人材輩出を目指しています。

**幸福の科学学園**

**中学校・高等学校（那須本校）**
2010年4月開校・栃木県那須郡（男女共学・全寮制）
TEL **0287-75-7777**
公式サイト **happy-science.ac.jp**

**関西中学校・高等学校（関西校）**
2013年4月開校・滋賀県大津市（男女共学・寮及び通学）
TEL **077-573-7774**
公式サイト **kansai.happy-science.ac.jp**

**ハッピー・サイエンス・ユニバーシティ（HSU）**
TEL **03-6277-7248**（HSU準備室）

**仏法真理塾「サクセスNo.1」** TEL **03-5750-0747**（東京本校）

小・中・高校生が、信仰教育を基礎にしながら、「勉強も『心の修行』」と考えて学んでいます。

**不登校児支援スクール「ネバー・マインド」** TEL **03-5750-1741**
心の面からのアプローチを重視して、不登校の子供たちを支援しています。
また、障害児支援の**「ユー・アー・エンゼル!」運動**も行っています。

**エンゼルプランV** TEL **03-5750-0757**
幼少時からの心の教育を大切にして、信仰をベースにした幼児教育を行っています。

**シニア・プラン21** TEL **03-6384-0778**
希望に満ちた生涯現役人生のために、年齢を問わず、多くの方が学んでいます。

**NPO 活動支援**

学校からのいじめ追放を目指し、さまざまな社会提言をしています。また、各地でのシンポジウムや学校への啓発ポスター掲示等に取り組む一般財団法人「いじめから子供を守ろうネットワーク」を支援しています。

公式サイト **mamoro.org**
相談窓口 **TEL.03-5719-2170**
ブログ **blog.mamoro.org**

政治

## 幸福実現党

内《ない》憂《ゆう》外《がい》患《かん》の国難に立ち向かうべく、二〇〇九年五月に幸福実現党を立党しました。創立者である大川隆法党総裁の精神的指導のもと、宗教だけでは解決できない問題に取り組み、幸福を具体化するための力になっています。

党員の機関紙
「幸福実現NEWS」

TEL 03-6441-0754
公式サイト hr-party.jp

出版 メディア 事業

## 幸福の科学出版

大川隆法総裁の仏法真理の書を中心に、ビジネス、自己啓発、小説など、さまざまなジャンルの書籍・雑誌を出版しています。他にも、映画事業、文学・学術発展のための振興事業、テレビ・ラジオ番組の提供など、幸福の科学文化を広げる事業を行っています。

アー・ユー・ハッピー?
**are-you-happy.com**

ザ・リバティ
**the-liberty.com**

幸福の科学出版
TEL 03-5573-7700
公式サイト irhpress.co.jp

THE FACT

**ザ・ファクト**
マスコミが報道しない
「事実」を世界に伝える
ネット・オピニオン番組

Youtubeにて
随時好評配信中!

ザ・ファクト　検索